JN123164

銀行取引約定書参考例

実務解説

金融取引法研究会 編

経済法令研究会

はしがき

　銀行取引約定書は、融資取引の基本約定書として融資の実行から管理回収において重要な役割を果たしており、融資業務に携わる銀行員は、まず、この銀行取引約定書の各条項の正確な理解が必須となっています。

　銀行取引約定書については、従来、全国銀行協会が「銀行取引約定書ひな型」を制定・公表していましたが、2000年4月に同ひな型が廃止されて以降、銀行取引約定書は各銀行において独自に作成されています。

　各銀行の銀行取引約定書は、それぞれ内容や表現の仕方、条文の配列等において若干の差異があり、現在では従来の銀行取引約定書ひな型のような統一的な銀行取引約定書は存在していません。

　これについて、各銀行の実務においては特に問題は生じませんが、銀行員や弁護士が銀行取引約定書の基礎について学ぶ場面や、銀行取引約定書の共通の論点についての議論をする場面などにおいては、何を基礎に学習・議論するかが明確でありません。この点、特定の銀行の銀行取引約定書を一般化して解説するわけにもいかないということから、やむをえず廃止された銀行取引約定書ひな型を「旧ひな型」として使用しているという状態です。

　一方で、銀行取引約定書ひな型の廃止後においても、法令や実務等は日々変わるものであり、廃止された銀行取引約定書を基礎に学習・議論することには不都合が生じています。このような不都合を解決する必要があり、また、書籍や研修会等における銀行取引約定書の解説においては共通の統一的な約定書が必要であるとの認識のもと、金融取引法研究会として、新たな銀行取引約定書の制定に向けて検討を開始しました。

　検討にあたっては、旧ひな型をベースに主要銀行等の約定書を参考にしつつ議論を重ね、かつ法改正および実務の動向も踏まえながら、新たに「銀行取引約定書参考例」として制定するに至りました。

前記約定書の制定を手がけた金融取引法研究会は、金融機関に所属する弁護士、金融取引に精通した法律事務所所属の弁護士等で構成され、毎月1回、法改正や金融にかかわる法問題点等について議論を交わしています。そのような中で、銀行取引約定書の検討も行い、本書の執筆については、同研究会において各条項の解説・解釈を担当したメンバーが中心となって執筆を担当しました。

　本書の内容は、条項ごとの逐条解説というかたちになっていますが、より実務に沿った内容となるよう、適宜、事例解説を「Q＆A」としてまとめました。

　本書は日常業務の一助あるいは金融法務の学習の参考となることはもとより、各銀行における銀行取引約定書の見直しにおいても有益なものといえます。

　なお、本書の中での意見に関する部分は所属する組織の見解を示すものではありません。

　　2021年6月

　　　　　　金融取引法研究会・座長　　弁護士　笹川　豪介

目　　次

銀行取引約定書参考例の概要

各条項の解説

◆巻末資料◆

・「銀行取引約定書参考例」関連判例（208）

・「銀行取引約定書旧ひな型」（229）

凡　　例

・**旧ひな型**　⇒平成12年4月に廃止された全国銀行協会制定の銀行取引約定書ひな型

・**債権法改正**　⇒民法の一部を改正する法律（平成29年法律第44号）による民法（債権関係）の改正（令和2年4月1日施行）

・**改正債権法**　⇒上記によって改正された民法

銀行取引約定書
参考例の概要

1 はじめに

　銀行取引約定書は、銀行取引における基本契約としての性質を有し、かつてはひな型が存在しました。銀行取引約定書ひな型（以下「旧ひな型」という）は、全国銀行協会により昭和37年に制定され、昭和52年に改正がなされた後、平成12年4月に廃止されました。それまでも各銀行の判断により各銀行の銀行取引約定書は作成されていましたが、廃止後は法改正等に応じて各銀行によりそれぞれ銀行取引約定書の改訂がなされており、現在では構成を含め各銀行の銀行取引約定書には相違が存します。

　そこで、金融取引研究会では、銀行取引約定書の内容を学習・理解するためには統一的な約定書が必要であるとの認識のもと、新たな銀行取引約定書の制定作業を行ってきました。制定にあたっては、旧ひな型の文言をベースとしつつ、ひな型廃止後に各銀行においてなされてきた改訂内容を参考にしながら、後記のとおり、「銀行取引約定書参考例」として制定しました。

　本書は、新たな「銀行取引約定書参考例」について逐条的に解説するものですが、以下では、まず、旧ひな型と銀行取引約定書参考例の条項の構成を対比しつつ、新銀行取引約定書参考例の概要について説明します。

2 旧ひな型と銀行取引約定書参考例の構成の比較

　旧ひな型と銀行取引約定書参考例の構成を条文ごとに比較すると、以下のようになっています。

条	旧ひな型	参考例
1	適用範囲	適用範囲
2	手形と借入金債務	手形または電子記録債権に係る権利の選択
3	利息、損害金等	利息、損害金等

	旧ひな型	銀行取引約定書参考例
4	担保	担保
5	期限の利益の喪失	期限の利益の喪失
6	割引手形の買戻し	割引手形または割引電子記録債権の買戻し
7	差引計算	相殺、払戻充当
7の2	同前	—
8	手形の呈示、交付	甲からの相殺
9	充当の指定	手形の呈示、交付または電子記録債権の支払等記録等
9の2	同前	—
10	危険負担、免責条項等	乙による充当の指定
11	届け出事項の変更	甲による充当の指定
12	報告および調査	危険負担、免責条項等
13	適用店舗	届出事項の変更
14	合意管轄	報告および調査
15		適用店舗
16		反社会的勢力の排除
17		準拠法・合意管轄
末尾、保証		

　旧ひな型と銀行取引約定書参考例の構成を比較すると、まず、基本的には旧ひな型の構成を維持しつつ、当時と現在の法律・実務の相違を反映しています。

　具体的には、電子記録債権に関する見出しの変更（2条、6条、参考例9条）、差引計算を相殺、払戻充当とする実務上の文言変更、反社会的勢力の排除に関する条項の追加です。そのうえで、旧ひな型で途中から条項が追加されたことによる枝番（旧ひな型7条の2、旧ひな型9条の2）をなくし、保証の条項を（別途契約締結をすることを想定して）外したうえで、日本以外の国を本社所在地とする企業との契約締結を想定して準拠法に関する条項を追加する（参考例17条）といった変更を加えています。

3　銀行取引約定書参考例の概要

　銀行取引約定書参考例の内容について俯瞰すると、まず、前文において、旧ひな型では銀行の取引先が銀行に対して銀行取引約定書を差し入れる、いわゆる差入方式をとっていたことに対して、相互の押印を前提とする合意の文言を記載しています。

　①　1条

　1条では、銀行取引約定書の適用範囲について1項で代表的な取引の類型を挙げて触れつつ、2項では、保証取引が銀行取引に含まれる旨を定め、3項では、銀行の取引先が振出等した手形や電子記録債権(以下「手形等」という)を銀行が取得した場合のその債務履行についても銀行取引約定書に従うものとしています。

　②　2条

　2条では、手形等の債務と借入金債務の関係について、手形等による貸付の場合には手形債権・貸金債権のいずれによっても請求できる旨規定しています。手形に関しては、9条で、その呈示・交付について規定しています。

　③　3条

　3条では利息等について、その割合、支払時期・方法の約定は金融情勢の変化その他相当の事由がある場合に一般に行われる程度のものに変更されることに同意するとの条項が1項で設けられています。

　また、2項は、債務不履行時の損害金の率を定めたうえで、年365日の日割り計算とすることを定めています。

　④　4条

　4条では、担保に関する条項として、1項で、債権保全を必要とする相当の事由が生じたときに銀行の請求があれば銀行の承認する担保もしくは増担保を差し入れ、または保証人をたて、追加するものとしています。

　また、2項で、担保物の任意売却等が可能であり、充当順序も銀行の判

断で可能とすること等について規定しています。

　3項では、債務不履行時に銀行の占有下にある取引先の動産、手形、その他の有価証券を取立・処分できる旨規定しています。

　⑤　5条

　5条では、期限の利益の喪失について、当然喪失事由（1項）と、請求喪失事由（2項）に分けて規定しています。

　当然喪失事由としては、①破産・民事再生・会社更生・特別清算の手続開始に係る申立があった場合、②手形交換所または電子債権記録機関の取引停止処分を受けた場合、③取引先や保証人の預金等について仮差押え、保全差押え、または差押えの命令、通知が発送された場合、④住所変更の届出を怠るなどにより取引先が所在不明となった場合が挙げられています。

　請求喪失事由としては、①債務不履行があった場合、②担保目的物について差押え・競売手続の開始があった場合、③取引先が銀行との取引約定に違反した場合、④保証人が①〜③の1つにでも該当した場合、⑤その他債権保全を必要とする相当の事由が生じた場合が挙げられています。

　⑥　6条

　6条では、割引手形等について、5条のうち当然事由が生じた場合は全部の手形等、手形等の主債務者における債務不履行や当然事由の発生があった場合はその者が主債務者となっている手形等について、当然に買戻債務を負い、直ちに弁済する旨が1項として規定されています。

　2項では、割引手形等について債権保全のため必要な場合には銀行の請求により買戻債務を負い、直ちに弁済するとされており、3項では、1項と2項による債務の履行までは銀行が手形所持人・電子記録債権の債権者としていっさいの権利を行使できるとしています。

　⑦　7条・8条

　7条と8条では相殺、払戻充当について規定しており、このうち7条では銀行からの差引計算について、8条では取引先の差引計算について規定しています。

　すなわち、7条では、期限の到来や期限の利益の喪失等により取引先が

債務を弁済しなければならない場合に、預金債権等と相殺できる旨（1項）、この場合、取引先に代わり諸預け金等を受領して弁済充当できる旨（2項）、これらの差引計算の場合の債権債務の利息、損害金等の計算は計算実行の日までを期間として、利率、料率は別の定めがない場合は銀行が合理的な方法で定めるもの（3項）と規定しています。

8条では、取引先からの差引計算について、弁済期にある預金債権等と取引先の債務を相殺できる旨（1項）、再譲渡中の割引手形を除き、満期前の割引手形等については手形面記載の金額の買戻債務を負担して相殺できる旨（2項）、取引先からの相殺通知は書面により、相殺した預金等の債権の証書・通帳は届出印を押印して直ちに銀行に提出する旨（3項）、取引先が相殺した場合の債権債務の利息、損害金等の計算は相殺通知の到達の日までを期間として、利率、料率について別の定めがない場合には銀行の合理的な定めによるもの（4項）と規定しています。

⑧　9条

9条では、1項で手形等に基づく債権ではなく貸金債権について銀行が差引計算をする場合には手形等の返還を要しない旨規定しつつ、2項で、相殺や払戻充当により手形を返還する際には銀行の取引先が手形を受取りに出向くこと、満期前の手形は銀行がそのまま取立できることが規定されています。

3項では、銀行が手形等に基づく債権によって相殺や払戻充当をする場合であっても、取引先の所在が明らかでないとき、手形等の送付が困難と認められるときなどやむをえないときには手形等の呈示・交付を要しない旨を定めています。

また、手形等の支払場所が銀行になっている場合にも、呈示・交付を銀行から行うのではなく、取引先が銀行に出向くこととされています。

4項では、相殺や払戻充当の後なお弁済期の到来した債務があり、手形等について取引先以外の債務者がいる場合に、銀行がその手形等の留め置き、取立または処分による弁済充当ができる旨を定めています。

⑨　10条

10条では、充当の指定について、弁済や銀行からの相殺・払戻充当によっても取引先の債務全額の消滅に足りない場合、銀行が適当と認められる順序方法により充当でき、これに異議を述べないと規定しています。

⑩　11条

11条では取引先からの相殺があった場合の充当指定について規定しています。すなわち、かかる場合で取引先の債務全額の消滅に足りないときは、取引先の指定する順序方法により充当できる旨1項で規定しています。

2項では、その指定がなければ銀行の適当と認める順序方法により充当でき、これに異議を述べないと規定しています。

一方で、取引先の指定により債権保全上支障が生じるおそれがあるときは、銀行は遅滞なく異議を述べて、担保・保証の有無・軽重・処分の難易、弁済期の長短、割引手形等の決済見込みなどを考慮して、銀行の指定する順序方法により充当できるとしています（3項）。

また、これらの規定により取引先が充当指定できる場合に銀行が充当するときは、期限未到来の債務について期限が到来したとして、満期前の割引手形等については買戻債務を、債務保証については事前の求償債務を取引先が負担したものとして銀行が順序方法を指定できるとしています（4項）。

⑪　12条

12条では、危険負担・免責条項等について定めています。取引先が振出、裏書等した手形や銀行に差し入れた証書が、災害等やむをえない事情によって紛失等した場合は、銀行の帳簿、伝票等の記録に基づいて債務を弁済するものとし、銀行から請求があれば直ちに代わり手形、証書を差し入れ、この場合の損害を銀行に請求しないとしています（1項）。

2項では取引先の差し入れた担保についてやむをえない事情によって損害が生じた場合でも銀行への請求を行わないこと、3項では手形等の要件の不備等により手形上の権利が成立せず、または事後的に消滅した場合でも手形等の記載の金額について責任を負うことについて規定されています。

　また、手形、証書に押捺された印影を届出印鑑と相当の注意をもって照合し、相違ないと認めて取引したときに、手形、証書、印章について偽造等があっても、損害は取引先が負担し、手形、証書の記載文言に従って責任を負うこと（4項）、取引先に対する権利の行使等に要した費用や、取引先の権利保全のために銀行に協力を依頼した場合の費用を取引先が負担すること（5項）について規定されています。

　⑫　13条

　13条では、1項で、名称、商号、代表者、住所その他届出事項に変更があったときは直ちに書面で届出する旨、2項では届出を怠ったため、銀行の通知または送付された書類等が延着しまたは到達しなかった場合には、通常到達すべき時に到達したものとする、いわゆるみなし到達規定が定められています。

　⑬　14条

　14条では、報告・調査に関する事項として、財産、経営、業況について銀行から請求があった場合は直ちに報告し（第1項）、調査に必要な便益を提供すること（2項）、かかる事項について重大な変化を生じたときや生じるおそれのあるときは請求がなくても直ちに報告すること（3項）が定められています。

　⑭　15条

　15条では、銀行取引約定書の各条項は取引先と銀行本支店との間の諸取引に共通に適用されるという適用店舗について規定されています。

　⑮　16条

　16条では、反社会的勢力の排除についての規定が置かれています。具体的には、取引先やその保証人等が暴力団員や暴力団員が経営を支配していると認められる関係等に該当しないこと（1項）、暴力的な要求行為等を行わないことの表明・確約（2項）、これに反した場合が期限の利益の喪失の請求事由に該当すること（3項・4項）、かかる事由に基づく期限の利益の喪失により取引先等に損害が生じた場合に銀行になんらの請求をせず、銀行に損害が生じた場合は取引先等が責任を負うこと（5項）、かか

る事由に基づく期限の利益の喪失後に債務が弁済された場合は銀行取引約定書が失効すること（6項）について規定されています。

⑯　17条

17条では、銀行取引約定書やこれに基づく諸取引に関して、契約準拠法を日本法とすること（1項）、訴訟の必要を生じた場合の合意管轄について、銀行本店・取引店の所在地を管轄する裁判所を管轄裁判所とすること（2項）について規定されています。

4　銀行取引約定書参考例・条文

銀行取引約定書参考例

甲と乙は、甲乙間の取引について、以下のとおり合意しました。

第1条（適用範囲）

① 本約定書の各条項は、別に甲乙間で合意した場合を除き、甲乙間の手形貸付、手形割引、電子記録債権貸付、電子記録債権割引、証書貸付、当座貸越、支払承諾（保証委託取引等）、外国為替、デリバティブ取引、その他甲が乙に対して債務を負担することとなるいっさいの銀行取引に関して共通に適用されるものとします。

② 乙と第三者との銀行取引を甲が保証した場合の保証取引は、前項の銀行取引に含まれるものとします。

③ 甲が振出、裏書、引受、参加引受もしくは保証した手形または甲がその発生記録における債務者もしくは電子記録保証人（以下「電子記録債務者」といいます。）である電子記録債権を、乙が第三者との取引によって取得したときも、甲の債務の履行について本約定書の各条項が適用されるものとします。

第2条（手形または電子記録債権に係る権利の選択）

　乙の甲に対する債権に関して手形上または電子記録債権上の権利が併存している場合、乙はその選択により、その債権または手形上もしくは電子記録債権上の権利のいずれによっても請求または相殺等を行うことができるものとします。

第3条（利息・損害金等）

① 甲乙間で定めた利息、割引料、保証料、手数料、清算金またはこれらの戻しについての割合および支払の時期、方法についての条件（以下、本条において「本条件」という。）は、甲の財務状況の変化、担保価値の増減等により乙の債権の保全状況に変動が生じた場合、または金融情勢の変化その他の相当の事由がある場合には、甲または乙は相手方に対し、本条件を一般に行われる程度のものに変更することについて協議を求めることができるものとします。

② 甲は、乙に対する債務を履行しなかった場合には、支払うべき金額に対し、年14％の割合の遅延損害金を支払うものとします。遅延損害金の金額は、年365日の日割計算により算出されるものとします。

第4条（担保）

① 乙に提供されている担保について、乙の責に帰すことのできない事由により毀損、滅失もしくは価値の客観的な減少が生じたとき、または甲もしくは甲の保証人に信用不安が生じたときなど乙の債権保全を必要とする相当の事由が生じたと認められる場合において、乙が相当の期間を定めて請求したときは、甲は、乙が適当と認める担保もしくは増担保を提供し、または保証人（電子記録保証人を含みます。）をたてもしくはこれを追加するものとします。

② 甲が乙に対する債務を履行しなかった場合には、乙は、法定の手続または一般に適当と認められる方法、時期、価格等により担保を取立または処分のうえ、その取得金から諸費用を差し引い

た残額を法定の順序にかかわらず甲の債務の弁済に充当できるものとします。取得金を甲の債務の弁済に充当した後において甲の債務がなお残っている場合には甲は直ちに乙に弁済するものとし、取得金に余剰が生じた場合には乙はこれを権利者に返還するものとします。

③ 甲が乙に対する債務を履行しなかった場合には、乙は、その占有している甲の動産、手形その他の有価証券（乙の名義で記録されている甲の振替株式、振替社債、電子記録債権その他の有価証券を含みます。）についても、前項と同様に取り扱うことができるものとします。

④ 本条の担保には、留置権、先取特権などの法定担保権も含むものとします。

第5条（期限の利益の喪失）

① 甲について次の各号の事由が1つでも生じた場合には、乙からの通知催告等がなくても、甲は乙に対するいっさいの債務について当然期限の利益を失い、直ちに債務を弁済するものとします。

  1. 支払の停止または破産手続開始、民事再生手続開始、会社更生手続開始もしくは特別清算開始の申立があったとき。

  2. 手形交換所または電子債権記録機関の取引停止処分を受けたとき。

  3. 甲または甲の保証人の預金その他の乙に対する債権について仮差押え、保全差押えまたは差押えの命令、通知が発送されたとき。

  4. 甲の責めに帰すべき事由によって、甲の所在が乙にとって不明になったとき。

② 甲について次の各号の事由が1つでも生じた場合には、乙からの請求によって、甲は乙に対するいっさいの債務について期限の利益を失い、直ちに債務を弁済するものとします。

  1. 乙に対する債務の一部でも履行を遅滞したとき。

  2. 担保の目的物について差押えまたは競売手続の開始があったとき。

3．乙とのいっさいの約定の1つにでも違反したとき。

4．甲の保証人が前項または本項の各号の1つにでも該当したとき。

5．前各号のほか乙の債権保全を必要とする相当の事由が生じたとき。

③　前項において、甲が乙に対する住所変更の届出を怠るなど甲の責めに帰すべき事由により、乙からの請求が延着しまたは到達しなかった場合には、通常到達すべき時に期限の利益が失われるものとします。

第6条（割引手形または割引電子記録債権の買戻し）

①　甲が乙からの手形または電子記録債権の割引を受けた場合、甲について前条第1項各号の事由が1つでも生じたときは全部の手形および電子記録債権について、甲は乙から通知催告等がなくても、当然手形面記載の金額または電子記録債権の債権額の買戻債務を負い、直ちに弁済するものとします。また、手形もしくは電子記録債権の主債務者が期日に支払わなかったとき、もしくは手形の主債務者について第5条第1項各号の事由が1つでも生じたときは、その者が主債務者となっている手形または電子記録債権についても同様とします。

②　割引手形または割引電子記録債権について乙の債権保全を必要とする相当の事由が生じた場合には、前項以外のときでも、甲は乙の請求によって手形面記載の金額または電子記録債権の債権額の買戻債務を負担し、直ちに弁済するものとします。なお、前条第3項の事由によりこの請求が延着しまたは到着しなかった場合には、通常到達すべき時に甲は買戻債務を負うものとします。

③　甲が前2項による債務を履行するまでは、乙は手形所持人または電子記録債権の債権者としていっさいの権利を行使することができます。

④　甲が第1項または第2項により割引電子記録債権の買戻債務を履

行した場合には、乙は、遅滞なく、当該割引電子記録債権について甲を譲受人とする譲渡記録（乙を電子記録保証人とする譲渡保証記録を付さないものとします。）を電子債権記録機関に対して請求し、または、乙を譲受人とする譲渡記録を削除する旨の変更記録を電子債権記録機関に請求するものとします。ただし、電子債権記録機関が電子記録の請求を制限する期間は、この限りではありません。

第7条（相殺、払戻充当）

①　期限の到来、期限の利益の喪失、買戻債務の発生、求償債務の発生その他の事由によって、甲が乙に対する債務を履行しなければならない場合には、乙は、その債務と甲の預金その他の乙に対する債権とを、その債権の期限のいかんにかかわらず、いつでも相殺することができるものとします。

②　前項の相殺ができる場合には、乙は事前の通知および所定の手続を省略し、甲に代わり諸預け金の払戻しを受け、債務の弁済に充当することもできるものとします。この場合、乙は甲に対して充当した結果を通知するものとします。

③　前2項によって乙が相殺または払戻充当（以下「相殺等」といいます。）を行う場合、甲乙間の債権債務の利息、割引料、清算金、違約金、損害金等の計算については、その期間を乙による計算実行の日までとします。また、利率、料率等について甲乙間に別の定めがない場合には、乙が合理的な方法により定めるものとします。

④　本条の相殺等において外国為替相場を参照する必要がある場合、乙が相殺等を行う時点の相場を適用するものとします。

第8条（甲からの相殺）

①　甲は、別に甲乙間に期限前弁済を制限する定めがある場合を除き、弁済期にある甲の預金その他乙に対する債権と、甲の乙に対する債務とを、その債務の期限が未到来であっても相殺することができるものとします。

② 満期前の割引手形または支払期日前の割引電子記録債権について甲が前項により相殺する場合には、甲は手形面記載の金額または電子記録債権の債権額の買戻債務を負担して相殺することができるものとします。ただし、乙が他に再譲渡中の割引手形または電子記録債権については相殺することができないものとします。

③ 前2項により甲が相殺する場合には、相殺通知は書面によるものとし、相殺した預金その他の債権の証書、通帳は届出印を押印もしくは届出署名を記入して直ちに乙に提出するものとします。

④ 甲が相殺した場合における債権債務の利息、割引料、保証料、清算金、違約金、損害金等の計算については、その期間を乙への相殺通知の到達の日までとします。また、利率、料率等について甲乙間に別の定めがない場合には乙が合理的に定めるところによるものとし、外国為替相場については乙の計算実行時において乙が合理的に選択する相場を適用するものとします。なお、期限前弁済について特別の手数料の定めがある場合は、計算実行時に期限前弁済があったものとしてその定めによるものとします。

第9条（手形の呈示、交付または電子記録債権の支払等記録等）

① 甲の乙に対する債務に関して手形または電子記録債権が存する場合において、乙が手形上の債権および電子記録債権によらないでまたは電子記録債権によって第7条の相殺または払戻充当を行うときは、その手形について、乙は、相殺または払戻充当と同時には返還を要しないものとし、その電子記録債権について、乙は、甲が支払等記録の請求をすることについての承諾をすること、および第7条の相殺もしくは払戻充当と同時に甲を譲受人とする譲渡記録もしくは乙を譲受人とする譲渡記録を削除する旨の変更記録の請求をすることを要しないものとします。

② 前2条の相殺または払戻充当により乙から返還を受ける手形または電子記録債権が存する場合には、その手形について、甲が乙まで

遅滞なく出向き受領するものとし、その電子記録債権について、乙が相殺または払戻充当後、遅滞なく、支払等記録または甲を譲受人とする譲渡記録（保証記録を付さないものとします。）もしくは乙を譲受人とする譲渡記録を削除する旨の変更記録の請求を行うものとします。ただし、電子記録債権について、電子債権記録機関が支払等記録または譲渡記録の請求を制限する期間は、この限りではありません。また、満期前の手形について、乙はそのまま取り立てることができるものとし、支払期日前の電子記録債権について、乙はそのまま支払を受けることができるものとします。

③ 乙が手形上の債権によって第7条の相殺または払戻充当を行うときは、次の各場合に限り、手形の呈示または交付を要しないものとします。なお、手形の受領については前項に準じます。

1．甲の所在が乙に明らかでないとき。

2．甲が手形の支払場所を乙としているとき。

3．事変、災害等乙の責めに帰すことのできない事情によって、手形の送付が困難と認められるとき。

4．取立その他の理由によって呈示、交付の省略がやむをえないと認められるとき。

④ 前2条の相殺または払戻充当の後なお直ちに履行しなければならない甲の乙に対する債務が存在する場合において、手形または電子記録債権に甲以外の債務者があるときは、乙は、その手形について、これをとめおき、取立または処分のうえ、債務の弁済に充当することができるものとし、その電子記録債権について、第2項の電子記録の請求を行わず、支払を受け、またはその電子記録債権を処分したうえで、債務の弁済に充当することができるものとします。

⑤ 乙は、電子記録債権を甲に返還しなければならない場合であっても、電子記録名義人である限り、当該電子記録債権の債務者から支払を受けることができます。この場合において、乙がその取得金を保持する相当の理由があるときまたは乙が相当の期間内に甲にその

取得金を支払ったときは、乙は甲に対してその取得金に関する利息、損害金等の支払義務を負わないものとします。

第10条（乙による充当の指定）

　甲が債務を弁済する場合または第7条による相殺または払戻充当の場合、甲の乙に対する債務全額を消滅させるに足りないときは、乙が適当と認める順序方法により充当することができ、甲はその充当に対しては異議を述べないものとします。

第11条（甲による充当の指定）

① 　第8条により甲が相殺する場合、甲の乙に対する債務全額を消滅させるに足りないときは、甲は乙に対して書面による通知をもって充当する順序方法を指定することができるものとします。

② 　甲が前項による指定をしなかったときは、乙が適当と認める順序方法により充当することができ、甲はその充当に対しては異議を述べません。

③ 　第1項の指定により乙の債権保全上支障が生じるおそれがあるときは、乙は遅滞なく異議を述べ、担保、保証の有無、軽重、処分の難易、弁済期の長短、割引手形または割引電子記録債権の決済見込みなどを考慮して、乙の指定する順序方法により充当することができます。

④ 　前2項によって乙が充当する場合には、甲の期限未到来の債務については期限が到来したものとして、また満期前の割引手形および支払期日前の割引電子記録債権については買戻債務を、支払承諾については事前の求償債務を甲が負担したものとして、乙がその順序方法を指定することができるものとします。

第12条（危険負担、免責条項等）

① 　甲が振出、裏書、引受、参加引受もしくは保証した手形または甲

が乙に提出した証書等または甲が電子記録債務者である電子記録債権の電子記録が、事変、災害、輸送途中の事故等やむをえない事情によって紛失、滅失、損傷、消去または延着した場合には、甲は乙の帳簿、伝票等の記録に基づいて債務を弁済するものとします。なお、乙が請求した場合には、甲は直ちに代わりの手形、証書等を提出し、または、代わりの電子記録債権について電子債権記録機関に対し、発生記録もしくは譲渡記録を請求するものとします。この場合に生じた損害については、乙の責めに帰すべき事由による場合を除き、甲が負担するものとします。

② 甲が乙に提供した担保について前項のやむをえない事情によって損害が生じた場合には、乙の責に帰すべき事由による場合を除き、その損害は甲の負担とします。

③ 万一手形要件の不備もしくは手形を無効にする記載によって手形上の権利が成立しない場合、電子記録債権の発生要件の不備により電子記録債権が成立しない場合、または権利保全手続の不備によって手形上の権利もしくは電子記録債権が消滅した場合でも、甲は手形面記載の金額または電子記録債権の債権額として記録された金額の責任を負うものとします。

④ 乙が手形、証書等の印影、署名を甲の届け出た印鑑、署名鑑と相当の注意をもって照合し、または入力されたID、パスワード等の本人確認のための情報が乙に登録されたものと一致することを乙所定の方法により相当の注意をもって確認し相違ないと認めて取引したときは、手形、証書、印章、署名、ID、パスワード等について偽造、変造、盗用、不正使用等の事故があってもこれによって生じた損害は甲の負担とし、甲は手形または証書等の記載文言または電子記録債権の電子記録に従って責任を負うものとします。

⑤ 乙の甲に対する権利の行使もしくは保全または担保の取立もしくは処分等に要した費用、および甲の権利を保全するために甲が乙に協力を依頼した場合に要した費用は、甲の負担とします。

第13条（届出事項の変更）

①　甲は、その名称、商号、代表者、住所その他乙に届け出た事項に変更があった場合には、直ちに乙の定める方法により乙に届け出るものとします。

②　甲が前項の届出を怠る、あるいは甲が乙からの請求を受領しないなど甲の責めに帰すべき事由により、乙が行った通知または送付した書類等が延着しまたは到達しなかった場合には、通常到達すべき時に到達したものとします。

第14条（報告および調査）

①　甲は、貸借対照表、損益計算書等の甲の財産、経営、業況等を示す書類を、定期的に乙に提出するものとします。

②　甲の財産、経営、業況等について乙からの請求があったときは、甲は、遅滞なく報告し、また調査に必要な便益を提供するものとします。

③　甲の財産、経営、業況等について重大な変化を生じたとき、または生じるおそれのあるときは、甲は乙に対して遅滞なく報告します。

第15条（適用店舗）

　本約定書の各条項は、甲と乙の本支店との間の諸取引に共通に適用されるものとします。

第16条（反社会的勢力の排除）

①　甲は、甲、甲の保証人または担保提供者が、現在、暴力団、暴力団員、暴力団員でなくなった時から５年を経過しない者、暴力団準構成員、暴力団関係企業、総会屋等、社会運動等標ぼうゴロまたは特殊知能暴力集団等、その他これらに準ずる者（以下これらを「暴力団員等」という。）に該当しないこと、および次の各号のいずれにも該当しないことを表明し、かつ将来にわたっても該当しないこ

とを確約します。

1．暴力団員等が経営を支配していると認められる関係を有すること

2．暴力団員等が経営に実質的に関与していると認められる関係を有すること

3．自己、自社もしくは第三者の不正の利益を図る目的または第三者に損害を加える目的をもってするなど、不当に暴力団員等を利用していると認められる関係を有すること

4．暴力団員等に対して資金等を提供し、または便宜を供与するなどの関与をしていると認められる関係を有すること

5．役員または経営に実質的に関与している者が暴力団員等と社会的に非難されるべき関係を有すること

② 甲は、甲、甲の保証人または担保提供者が、自らまたは第三者を利用して次の各号の一にでも該当する行為を行わないことを確約します。

1．暴力的な要求行為

2．法的な責任を超えた不当な要求行為

3．取引に関して、脅迫的な言動をし、または暴力を用いる行為

4．風説を流布し、偽計を用いまたは威力を用いて乙の信用を毀損し、または乙の業務を妨害する行為

5．その他前各号に準ずる行為

③ 甲、甲の保証人または担保提供者が、暴力団員等もしくは第1項各号のいずれかに該当し、もしくは前項各号のいずれかに該当する行為をし、または第1項の規定に基づく表明・確約に関して虚偽の申告をしたことが判明した場合には、甲は乙から請求があり次第、乙に対するいっさいの債務の期限の利益を失い、直ちに債務を弁済するものとします。

④ 甲が乙より手形または電子記録債権の割引を受けた場合、甲、甲の保証人または担保提供者が暴力団員等もしくは第1項各号のいず

れかに該当し、もしくは第2項各号のいずれかに該当する行為をし、または第1項の規定に基づく表明・確約に関して虚偽の申告をしたことが判明した場合には、全部の手形および電子記録債権について、甲は乙の請求によって手形面記載の金額の買戻債務を負い、直ちに弁済するものとします。この債務を履行するまでは、乙は手形所持人または電子記録債権の債権者としていっさいの権利を行使することができるものとします。

⑤　前2項の規定の適用により、甲、甲の保証人または担保提供者に損害が生じた場合にも、乙になんらの請求をしないものとします。また、乙に損害が生じたときは、甲、甲の保証人または担保提供者がその責任を負うものとします。

⑥　第3項または第4項の規定により、債務の弁済がなされたときに、本約定は失効するものとします。

第17条（準拠法・合意管轄）

①　本約定書および本約定書に基づく諸取引の契約準拠法は日本法とします。

②　本約定書に基づく諸取引に関するいっさいの紛争については、乙の本店または取引店の所在地を管轄する裁判所を専属的合意管轄裁判所とします。

各条項の解説

前　文

> 甲と乙は、甲乙間の取引について、以下のとおり合意しました。

　旧ひな型では、当時、銀行取引約定書について、銀行の取引先が銀行に対して差し入れる形式をとっていたことから、取引先を主体（私）として、銀行取引約定書の各条項について銀行に対して確約するものとする前文を置いていました。

　その後、差入形式は自体法的に無効とされるようなものではないものの、銀行取引約定書についても契約者双方の合意に基づくものであること、いわゆる約款ではなく個別で内容を変更したり、契約締結時点により内容が異なったりすることもあることなどから、銀行も捺印を行う相互調印の方式をとるようになりました。

　これに伴い文言も変更されており、本約定書の前文もかかる形式に沿うものとしつつ、取引先・会社を「甲」、銀行を「乙」として条文を定めています。

第**1**条（適用範囲）

① 本約定書の各条項は、別に甲乙間で合意した場合を除き、甲乙間の手形貸付、手形割引、電子記録債権貸付、電子記録債権割引、証書貸付、当座貸越、支払承諾（保証委託取引等）、外国為替、デリバティブ取引、その他甲が乙に対して債務を負担することとなるいっさいの銀行取引に関して共通に適用されるものとします。

② 乙と第三者との銀行取引を甲が保証した場合の保証取引は、前項の銀行取引に含まれるものとします。

③ 甲が振出、裏書、引受、参加引受もしくは保証した手形または甲がその発生記録における債務者もしくは電子記録保証人（以下「電子記録債務者」といいます。）である電子記録債権を、乙が第三者との取引によって取得したときも、甲の債務の履行について本約定書の各条項が適用されるものとします。

1 本条の意義

本条は、銀行取引約定書の適用される取引の範囲を定めたものです。

適用範囲については、単に銀行と取引先との間に行われるすべての与信取引に適用される旨の記載をすれば足りるとの考え方もありますが、典型的な融資方法について記載するとともに、銀行が当該取引先以外の第三者との取引によって当該取引先の署名した手形を取得することが多いことに鑑み、これらの手形に関する債務についても適用される旨を明らかにしています。

2 「いっさいの銀行の取引」の範囲

ここで、「いっさいの銀行の取引」に含まれる範囲が問題となります。たとえば、取引先が当座預金の残高や当座貸越契約の限度以上の小切手を振り出した場合の小切手を銀行が支払う、いわゆる当座過振りについては

その範囲に含まれると解されています。

本条3項のように、転得手形については銀行取引約定書の適用があるとされます。一方で、転得した指名債権、社債、民事保証手形、担保（手形を除く）については、当該債権等の個性・特性が、手形取引等における継続的・反復的取引のための画一的条項の適用という銀行取引約定書の性質になじまないことなどから、銀行取引約定書の適用はないものと解されています。

また、取引によって取得した債権以外への適用はないため、たとえば、不法行為に基づく損害賠償請求権、不当利得返還請求権を取引先から取得した場合には、銀行取引約定書の適用はありません。この点、取引的不法行為等の場合にも基本的には同様の考えになると思われますが、たとえば、詐欺により融資を引き出してこれが事後的に取り消され、無効となった場合の損害賠償請求権、不当利得返還請求権のようなものについては、実質的には取引的なものであると解する方が適当なもののように思われます。取引に「関して」という文言から、利息制限法のみなし利息の解釈のように広く解する、あるいは本約定書17条の「基づく」との相違により、より広いものということも一応考えられます。

また、手形については真正な手形を前提としており（最判昭和62・7・17民集41巻5号1359頁、金融・商事判例776号18頁）、偽造手形は含まれませんが、取引先が振出、裏書したような外観を呈している不真正の手形をも含むのが立案者の意図に沿う実質的な解釈とする考え方もあります（鈴木禄弥編『新版注釈民法（17）債権（8）』299頁〔中馬義直〕）。

3 旧ひな型からの修正

旧ひな型の廃止がなされた後、各銀行はその必要に応じて銀行取引約定書の修正・改訂を行っていますが、本条についてもその対象となっています。

すなわち、ひな型の廃止と同時に全国銀行協会が作成・公表した「銀行

取引約定書に関する留意事項」（全銀協平成12年4月18日全業会第18号）には、「デリバティブ取引、保証取引等のように『その他いっさいの取引』という包括的表現に含まれると解されるものであっても、適用範囲にある取引の例示として明記するなどの工夫をすることが考えられる」とあります。この点、代表的な取引については、解釈により銀行取引約定書が適用されると考えられるものであっても、明記することが望ましいとしていることなどを背景として、取引内容を追記しているものがあります。

　たとえば、保証債務に関しては、旧ひな型の解釈において適用範囲に含まれるか否か争いがあったところ、判例では根抵当権設定契約の文言の解釈について「被担保債権の範囲を『信用金庫取引による債権』として設定された根抵当権の被担保債権には、信用金庫の根抵当債務者に対する保証債権も含まれるものと解するのが相当である」としており（最判平成5・1・19民集47巻1号41頁、金融・商事判例918号3頁）、銀行取引約定書の適用範囲にも含まれるものと考えられますが、各銀行では保証取引についてもその範囲に含まれることを明示しています。

　また、デリバティブ取引については、金銭消費貸借契約のように片務契約ではなく双務契約であるため、基本的な条項の構成自体が融資取引とは異なるものですが、銀行取引約定書の条項が補完的な役割を果たすことがあることに鑑み、その適用範囲内としており、その点明記されているケースがほとんどと考えられます。

　特に明示されていない例として、融資を主眼においていない取引、たとえば、為替取引、手数料が発生する貸金庫や保護預り、残高証明書の発行等があり、これらについても適用範囲に含まれると思われます。

　さらに、その後の法改正に伴い導入された電子記録債権制度に関し、電子記録債権は手形や売掛債権等に代わる決済手段とされ、手形同様に元となる債権とは別個の金銭債権と解されることから、各銀行の銀行取引約定書では、これが適用範囲に含まれることを明示しています。

4 個別契約との関係

　銀行取引約定書については、手形貸付等の一部の取引を除いて当該約定書の定めだけによって融資取引を行うことは基本的には想定されておらず、たとえば、証書貸付等、別個の契約が締結されることを想定しているものがほとんどです。その点では、銀行取引約定書の適用される範囲を定めていますが、あくまで銀行取引約定書自体は基本的法律関係を定めたものと位置付けられるものです。

　ここで、別途、締結される個別の契約の条項が銀行取引約定書の条項と矛盾・抵触することがあれば、その解釈として、個別の契約の条項が優先して適用されることになります。銀行によってはその点について確認的に銀行取引約定書に記載しているものもあります。

　また、シンジケートローンのように、各銀行と取引先との間の契約と解されるものであっても一律での条項の適用が求められるものなどについては、あえて当該契約において銀行取引約定書の適用の排除を規定しているものもあります。このような場合には、個別の合意として当然に銀行取引約定書の適用が排斥されるものであるため、当該約定書の適用はされません。

第2条 （手形または電子記録債権に係る権利の選択）

　乙の甲に対する債権に関して手形上または電子記録債権上の権利が併存している場合、乙はその選択により、その債権または手形上もしくは電子記録債権上の権利のいずれによっても請求または相殺等を行うことができるものとします。

1　本条の意義

　銀行は、手形貸付を行う場合、手形債権と貸金債権（原因債権）とを併有することになります。銀行としては、債権保全上、まずは、手形の「呈示」（注1）および「交付」（注2）が不要な貸金債権（原因債権）での権利行使を考えたいところ、併存する手形債権と貸金債権（原因債権）のいずれを先に行使すべきかが問題となります。本条は、銀行がそのいずれを先に行使するかについての選択権を有することを定めています。

　この点に関して、判例は、「手形がその原因関係たる債務の支払確保のため振出された場合に、当事者間に特約その他別段の意思表示がなく債務者自身が手形上の唯一の義務者であつて他に手形上の義務者がない場合においては、手形は担保を供与する趣旨の下に授受せられたものと推定するを相当とすべく、従つて債務者は手形上の権利の先行使を求めることはできないものと解するのを相当とする。<u>すなわち、債権者は両債権の中いずれを先に任意に選択行使するも差支えないものと言わねばならない</u>」（最判昭和23・10・14民集2巻11号367頁。傍線は筆者）としています。

　これによると、銀行は、手形貸付において、手形債権と貸金債権（原因債権）のいずれを先に選択して行使してもよいことになります。そのため、本条は取引先に疑義を生じさせないよう確認的に規定されたものといえます。

　（注1）　手形所持人が支払を受けるために支払人に手形を示すことをいい

ます（手形法77条1項3号・38条）。

（注2）手形所持人が支払と引き換えに支払人に手形を受け戻すことをいいます（同法77条1項3号・39条）。

2　9条との関係

　2条（手形または電子記録債権に係る権利の選択）の規定は、差引計算（相殺・払戻充当）の場面において、9条（手形の呈示、交付または電子記録債権の支払等記録等）の規定と相まって、手形債権を行使するか、貸金債権（原因債権）を行使するかについての有意な差を生じさせます。

　すなわち、銀行が手形債権を行使する場合、手形の呈示証券性（注3）・受戻証券性（注4）に基づく手形の「呈示」および「交付」が必要となります。これに対し、銀行が貸金債権（原因債権）を行使する場合、手形債権を行使しているわけではないため、その意味での手形の「呈示」および「交付」は不要となります。

　ところで、銀行が貸金債権（原因債権）を行使するとき、取引先において原因債務の履行はその支払確保のために振り出された手形の返還と引き換えにのみ応ずべきとする一種の同時履行の抗弁権（注5）が生じると解されています（最判昭和33・6・3民集12巻9号1287頁、金融・商事判例529号45頁）。

　また、このような同時履行の抗弁権の付着している債権を自働債権とする場合、反対給付の履行なしに相殺できないものと解されています（大判昭和13・3・1民集17巻318頁）。そのため、銀行が貸金債権（原因債権）を行使（たとえば、預金債務と相殺）する場合、同時履行の観点から手形を返還しなければならないのが原則となります。

　もっとも、9条1項において、銀行が差引計算（相殺・払戻充当）する場合、手形返還に関する同時履行の抗弁権を放棄させる旨の特約がなされています。そのため、銀行は、貸金債権（原因債権）の相殺時に手形の返還は要しないことになりますが、依然として後履行としての手形返還義務

を負います。これは、きわめて多数の手形を扱わなければならない銀行にとって煩雑であるといえます。

　そこで、同条2項が設けられており、これにより銀行は、相殺通知後、取引先が来行したときに手形を交付すればよいことになります。これに対し、手形債権で相殺するときは、同条3項各号の事由に該当しない限り、手形の「呈示」・「交付」が相殺の要件となり、銀行にとっての負担となります。

　このように、差引計算（相殺・払戻充当）の場面においては、銀行が手形債権を行使するか、貸金債権（原因債権）を行使するかにより、手形の「呈示」・「交付」を要するかという点で有意な差が生じることになります。内容の詳細については9条の箇所において解説しますが、参考までに9条の一部を以下に引用します。

　第9条（手形の呈示、交付または電子記録債権の支払等記録等）

① 　甲の乙に対する債務に関して手形または電子記録債権が存する場合において、乙が手形上の債権および電子記録債権によらないでまたは電子記録債権によって第7条の相殺または払戻充当を行うときは、その手形について、乙は、相殺または払戻充当と同時には返還を要しないものとし、その電子記録債権について、乙は、甲が支払等記録の請求をすることについての承諾をすること、および第7条の相殺もしくは払戻充当と同時に甲を譲受人とする譲渡記録もしくは乙を譲受人とする譲渡記録を削除する旨の変更記録の請求をすることを要しないものとします。

② 　前2条の相殺または払戻充当により乙から返還を受ける手形または電子記録債権が存する場合には、その手形について、甲が乙まで遅滞なく出向き受領するものとし、その電子記録債権について、乙が相殺または払戻充当後、遅滞なく、支払等記録または甲を譲受人とする譲渡記録（保証記録を付さないものとします。）もしくは乙を譲受人とする譲渡記録を削除する旨の変更記録の請求を行うもの

とします。ただし、電子記録債権について、電子債権記録機関が支払等記録または譲渡記録の請求を制限する期間は、この限りではありません。また、満期前の手形について、乙はそのまま取り立てることができるものとし、支払期日前の電子記録債権について、乙はそのまま支払を受けることができるものとします。

③　乙が手形上の債権によって第7条の相殺または払戻充当を行うときは、次の各場合に限り、手形の呈示または交付を要しないものとします。なお、手形の受領については前項に準じます。

1．甲の所在が乙に明らかでないとき。

2．甲が手形の支払場所を乙としているとき。

3．事変、災害等乙の責めに帰すことのできない事情によって、手形の送付が困難と認められるとき。

4．取立その他の理由によって呈示、交付の省略がやむをえないと認められるとき。

（以下省略）

（注3）履行の請求は証券を呈示して行う必要があり、証券の呈示を伴わない請求は債務者を遅滞に付する効果はないことをいう（手形法77条1項3号・38条）。

（注4）債務者は、証券と引き換えでなければ債務を履行する必要がないことをいう（手形法77条1項3号・39条）。

（注5）ただし、債務者は、原因関係の債務について履行期を徒過した場合、債権者から手形の交付を受けていないからといって履行遅滞の責めは免れないと解されている（最判昭和40・8・24民集19巻6号1435頁）ことから典型的な意味での同時履行の抗弁権（民法533条）とは異なる。

3　手形貸付の性質

　手形貸付とは、取引先が、銀行に対し、貸付金額相当額を額面とし、取引先を振出人、銀行を受取人とした約束手形を借用書の代わりに差し入れて行われる貸付方法をいい、その法的性質は消費貸借（民法587条）の一種の金銭消費貸借とされます。

　手形の差入れと同時に証書を差し入れる方法（手形併用証書貸付）と手形のみを差し入れる方法とがありますが、実務では後者を手形貸付というのが一般的とされます（天野佳洋監修『銀行取引約定書の解釈と実務』76頁〔安東克正〕）。

　手形貸付を行うことで、銀行には、手形債権と金銭消費貸借による貸金債権が生じることになります。手形債権については手形法が適用されます。手形債権と貸金債権とにはさまざまな相違点がありますが、特に重要なものとして、前記の手形の呈示証券性・受戻証券性のほかに、消滅時効や特別な訴訟手続の利用の可否という点が挙げられます。

　すなわち、手形債権は、手形満期日から3年で消滅時効となりますが（手形法77条1項8号・70条。なお、電子記録債権も3年の消滅時効となる（電子記録債権法23条））、貸金債権は5年の消滅時効（民法166条）（注6）となります。

　また、手形債権の支払請求については、手続の簡略化・迅速化された訴訟手続である手形訴訟（民事訴訟法350～366条）を利用することができます。なお、手形訴訟は、証拠を書証に限定して手続を簡略化するなどし、迅速に債権者に債務名義を取得させることを目的とした訴訟手続です。

　銀行は、手形債権と貸金債権のいずれを行使することもできますが、両者の一方が弁済により消滅すると他方も消滅することになります。ただし、手形債務の履行で原因関係上の債務も消滅しますが、原因関係上の債務の履行は手形を受け戻さない限り、人的抗弁事由になるにすぎないとされます（弥永真生『リーガルマインド手形法・小切手法［第3版]』29頁）。

　貸金債権が時効により消滅した場合においても、手形債権自体は消滅し

ませんが、手形債権を行使しても原因債権消滅の人的抗弁を受けることになります（最判昭和43・12・12金融・商事判例148号12頁）。これに対し、手形債権が時効により消滅しても貸金債権は消滅しません。

　もっとも、両債権が併存する間において、手形債権による訴訟提起等によって時効の完成が猶予される場合には貸金債権にもその効力が生じることになると考えられます（最判昭和62・10・16民集41巻7号1497頁、金融・商事判例784号3頁参照）。

> （注6）改正民法の施行日（令和2年4月1日）前の商行為によって生じた債権については、商法522条の適用により、施行日以後は、改正民法166条の適用により、5年の消滅時効となる。

4　本条と手形割引との関係

　銀行が手形割引によって取得する債権は手形債権のみであって、たとえば、貸金債権などの手形債権の原因債権までは取得しないため、手形割引には2条は適用されません。

　補足すると、手形割引の法的性質について、金銭消費貸借なのか売買なのかが争われた裁判例において、売買説が支持され、現在では売買説が通説となっています（大阪高判昭和37・2・28高民集15巻5号309頁）。売買説によると、銀行が手形割引によって取得するのは手形債権のみとなり、貸金債権などの原因債権まで取得するわけではないので、手形割引には2条は適用されないことになります。

　なお、銀行取引約定書は、6条において、銀行が割り引いた手形が不渡りとなった場合、割引依頼人に貸金債権の返済を求めるという考え方ではなく、割り引いた手形を割引依頼人に買い戻させるという構成をとっており、売買説の立場を前提にしています。

　銀行は、手形割引によって割引依頼人から買い取った手形が不渡りとなった場合、割引依頼人に対し、手形上の権利である裏書人などに対する

遡求権（手形法43条・77条1項4号）および手形外の権利である6条に基づく買戻請求権を取得することになります。

　買戻請求権を自働債権として預金債務と相殺する場合、買戻請求権に係る支払義務と手形返還義務は同時履行の関係に立つと解されている（前掲大阪高判昭和37・2・28）ことも踏まえると、銀行の立場からは、2条において両債権の選択行使を明確にしたうえで、9条1項（同時履行の抗弁権を放棄させる特約）の適用により、相殺を可能とした方が望ましいと考えられます。

　なお、手形割引に類似しているものとして商業手形担保貸付（「商担手貸」とも呼ばれる）がありますが、これは商業手形を譲渡担保として行われる手形貸付であるため、2条が適用されます。

　以下、参考までに6条の一部を引用します（詳細は同条の解説を参照）。

　　第6条（割引手形または割引電子記録債権の買戻し）

① 　甲が乙からの手形または電子記録債権の割引を受けた場合、甲について前条第1項各号の事由が1つでも生じたときは全部の手形および電子記録債権について、甲は乙から通知催告等がなくても、当然手形面記載の金額または電子記録債権の債権額の買戻債務を負い、直ちに弁済するものとします。また、手形もしくは電子記録債権の主債務者が期日に支払わなかったとき、もしくは手形の主債務者について第5条第1項各号の事由が1つでも生じたときは、その者が主債務者となっている手形または電子記録債権についても同様とします。

② 　割引手形または割引電子記録債権について乙の債権保全を必要とする相当の事由が生じた場合には、前項以外のときでも、甲は乙の請求によって手形面記載の金額または電子記録債権の債権額の買戻債務を負担し、直ちに弁済するものとします。なお、前条第3項の事由によりこの請求が延着しまたは到着しなかった場合には、通常

到達すべき時に甲は買戻債務を負うものとします。

（以下省略）

5　本条の適用範囲の拡大

　平成12年に廃止された旧ひな型2条は、本条の適用対象を「手形によって貸付を受けた場合」に限定していました。この定め方による場合、手形貸付、証書貸付、当座貸越などの貸付について手形を徴求している場合において、2条が適用されるのは明らかではありますが、たとえば、支払承諾について手形を徴求していても、本条の適用が肯定されるのは、取引先に対する求償権を手形貸付に切り替えたときであるとされます（石井眞司『新銀行取引約定書の解説』15頁）。そのため、事前求償段階でも債権の選択行使を認める趣旨を特約において明確にする意味があるいえます。また、上記4において取り上げた手形割引の場合の遡求権と買戻請求権が併存するケースについても同様のことがいえます。

　そこで、各種の手形を徴求する取引において手形外の債権と手形上の債権とを併有することとなるすべての場合について、本条の特約の適用対象を拡大することが考えられ、本書では「乙の甲に対する債権に関して手形上または電子記録債権上の権利が併存している場合」を本条の適用対象とする建付けの条文としています。

　なお、現在、各銀行において用いられている銀行取引約定書によると、旧ひな型のような定め方をする例と本条文のような定め方をする例のいずれのケースも見受けられます。

6　手形貸付の支払場所と選択権

　手形貸付の支払場所として貸出実行店以外が定められたときには、銀行に両債権の選択行使を認めると、取引先は原因債権行使に備えた支払準備

と、手形債権行使に備えた支払場所への支払準備とを要することになって、資金負担面で不利益を被ることになるため、2条にかかわらず、まず先に手形債権の方を行使する趣旨と認めるべきと解されています（全国銀行協会連合会法規小委員会編『新銀行取引約定書ひな型の解説』57頁、鈴木禄弥編『新版注釈民法（17）債権（8）』303頁〔中馬義直〕）。

　なお、手形の支払場所が定められた場合であっても、その趣旨は本来の支払を確保するためのものであり、原因債務の履行場所までもそこに限定する趣旨の合意と解すべきではないとされています（川田悦男「手形と借入金債務（二条関係）」堀内仁先生傘寿記念『銀行取引約定書－その理論と実際－』52頁）。

7　手形債権譲渡と原因債権の行使

　銀行が手形貸付の手形を他に裏書譲渡したとしても（ただし、ここで想定している場面は、原因関係と切り離して手形債権のみを譲渡した場合である）、債権者（銀行）が裏書人としての償還義務を免れるまでは（裏書人は手形債務が支払われるまで遡求義務を負う）、その手形によって決定的に対価を得たことにはならないため、特段の事情のない限り、裏書譲渡の一事のみによっては、既存債権は当然には消滅しないとするのが判例・通説です。

　そのため、銀行は手形を再割引や担保とした後も原因債権（貸金債権）を行使すること、したがって、原因債権（貸金債権）を自働債権として相殺することもできます。

　この場合において、9条1項の同時履行の抗弁権の排除の特約が適用されるかについては否定説もありますが、肯定説によれば、貸金債権が相殺により消滅した後、手形債権も消滅し、直ちに手形の返還を求められることになるため、銀行としては、結局は手形を手元に取り戻して、請求があればいつでも返還できるようにしておかなければならないと考えられます。

　さらに、実際上は、貸金債権の回収は手形債権の取立を妨げることにな

るので、銀行は、手形債権の譲渡後の貸金債権の取立は差し控えるべきとされます（鈴木編・前掲302頁〔中馬〕））。

　もっとも、取引先が倒産して銀行が裏書人としての遡求義務を追及されるおそれがあるときは、銀行は貸金債権を行使すべきだと考えられます。

8　電子記録債権

　電子記録債権は、その発生原因となった法律関係に基づく債権とは別個の金銭債権であり、指名債権や手形債権などの既存の債権と異なる類型の債権とされます。そして、原因債権と電子記録債権との関係は、原因債権と手形債権との関係と同様に解されています（萩本修＝仁科秀隆編著『逐条解説・電子記録債権法』4頁）。原因債権と電子記録債権が併存する場合、原因債権と電子記録債権のいずれを先に行使すべきかは、当事者の意思によって定まります。

　もっとも、当事者の意思が不明である場合には、たとえば、口座間送金決済に関する契約に係る支払による旨の記録（電子記録債権法16条2項1号）がされているときは、債務者としては電子記録債権を先に行使することを期待するのが通常といえること等から、電子記録債権を先に行使すべきと解されています（萩本＝仁科・前掲5頁）。そのため、銀行としては、本条を修正し、手形債権や電子記録債権、あるいは貸金債権のいずれによっても請求できる旨明記しておくのが望ましいと考えられます。

第3条（利息・損害金等）

① 甲乙間で定めた利息、割引料、保証料、手数料、清算金またはこれらの戻しについての割合および支払の時期、方法についての条件（以下、本条において「本条件」という。）は、甲の財務状況の変化、担保価値の増減等により乙の債権の保全状況に変動が生じた場合、または金融情勢の変化その他の相当の事由がある場合には、甲または乙は相手方に対し、本条件を一般に行われる程度のものに変更することについて協議を求めることができるものとします。

② 甲は、乙に対する債務を履行しなかった場合には、支払うべき金額に対し、年14％の割合の遅延損害金を支払うものとします。遅延損害金の金額は、年365日の日割計算により算出されるものとします。

1 利息・損害金に関する一般的な規定（3条）

（1） 1項について

本項は、利息、割引料、保証料、手数料等（以下では総称して「利息等」という）の割合および支払の時期、方法（現金払、振替払、持参払等）に関する変更を定めるものです。

また、本項では、たとえば、銀行が期限前弁済を受けた場合に収受済みの利息の一部を取引先に返還する場合の利息についても定めています。実際の銀行取引約定書では「戻し」と表現され、3メガバンクの銀行取引約定書でもこの用語が用いられています。

なお、本項の「利息」には、預金その他銀行が信用を受ける場合の「債務」の利息は含まれないと解されています（鈴木禄弥編『新版注釈民法(17) 債権 (8)』304頁〔中馬義直〕）。したがって、本項に定める「利息」とは、あくまで銀行が取引先に信用を与える場合（すなわち、銀行が貸付等を行う場合）の約定利息を指す点には注意が必要です。

本項では上記の変更の要件として、「金融情勢の変化その他の相当の事

由がある場合」が挙げられます。この「金融情勢の変化」の具体例として
は、現在では、譲渡性預金やTIBOR等の市場レートの引上げが考えられ
ます（天野佳洋監修『銀行取引約定書の解釈と実務』89頁〔安東克正〕）。

なお、旧ひな型の制定当時は、「金融情勢の変化」例としては、銀行の
資金調達で参照されていた「公定歩合（現在の「基準割引率および基準貸
付利率」である）の引上げ」が挙げられていました（鈴木編・前掲305頁
〔中馬〕）。しかし、金利が自由化され、各銀行の資金調達が多様化した結
果、公定歩合に政策金利としての意味がなくなっているため、現在ではこ
の例は当てはまりません。

また、本項の要件では、金融情勢の変化のほか、「相当の事由」がある
場合も要件として挙げられます。いかなる場合が「相当の事由」に該当す
るのかは必ずしも明らかではありませんが、一般的には、銀行が利息等の
条件の変更を求める理由として客観的・合理的に説明可能な事由であるこ
とが必要になると考えられます。たとえば、取引先の財務状況の変化や担
保価値の増減が挙げられます（安東克正「銀取のトリセツ　第3条（利
息・損害金等）」銀行法務21・748号38頁）。本銀行取引約定書ではこれら
を例示として明記しています。

次に、この要件を満たした場合、上記利息等の約定が「一般に行われる
程度のものに変更すること」への協議を求めるものとしています。この
「一般的に行われる程度のもの」についても一義的には定まりませんが、
商慣習に照らして客観的に合理的と認められ、かつ、常識の範囲内の金利
であると考えられます（安藤・前掲34頁）。

なお、旧ひな型では、債務者が金利の変更について「同意する」旨が定
められていました。この「同意する」の意味合いについては、銀行が一方
的な意思表示で利息等の条件を変更できるとの考え方（形成権説）と、本
項の要件を満たした場合に取引先が変更に同意する義務を負う（変更請求
権説）があります（鈴木編・前掲305頁〔中馬〕等）。

いずれの説でも、文言上、銀行が一方的な利息等の条件の変更をなしう
ることを定めていたものの、実務上は、利息等の条件の変更においては、

取引先と個別に折衝し、同意を得ている運用が多かったことが指摘されています（注1）。現在はそのような実務慣行を踏まえた規定となっていることが通例であり、本銀行取引約定書参考例でも、銀行が一方的に利息等の変更を行うものではなく、あくまで取引先に対して「協議」を求めることができる点を定めています。

（2）　2項について

本項は、取引先が銀行に対する債務を履行しなかった場合に支払うべき利率を定めるものです。実際には、銀行取引約定書の規定に加えて、個別の与信取引に係る契約（たとえば金銭消費貸借契約）にも損害金の利率が定められていることがあります。

このような場合には、銀行取引約定書の規定よりも個別の契約に定められた利率が優先することになりますので、実際に取引先の債務の遅延損害金を算定するためには、銀行取引約定書のほかに個別の契約における損害金の規定の有無・内容を確認する必要があります。

なお、個別の銀行取引について、銀行取引約定書の締結がなく、かつ、個別の契約に損害金の定めもない場合、当該債務の遅延損害金の利率は3％になります（近時の民法改正により、商事法定利率（6％）は廃止されている点に注意）。

(注1) 富士銀行法務部「営業店のための現代版・銀行取引約定書の基礎知識（上）」金融法務事情1466号29頁等。なお、関沢正彦他「アンケートによる各条項の運用の実際（分析編）」金融法務事情1500号31頁によれば、旧ひな型に関するアンケート結果において、本項に基づき、取引先が不利となるような金利等の変更権を行使したことがある旨を回答した例は3％にすぎなかったとされる。

2　利息・損害金に関するその他の規定（7条3項・4項、8条4項）▨

第7条（相殺、払戻充当）

①　（略）（銀行による相殺が可能とする規定）

②　（略）（払戻し充当に関する規定）

③　前2項によって乙が相殺または払戻充当（以下「相殺等」といいます。）を行う場合、甲乙間の債権債務の利息、割引料、清算金、違約金、損害金等の計算については、その期間を乙による計算実行の日までとします。また、利率、料率等について甲乙間に別の定めがない場合には、乙が合理的な方法により定めるものとします。

④　本条の相殺等において外国為替相場を参照する必要がある場合、乙が相殺等を行う時点の相場を適用するものとします。

第8条（甲からの相殺）

①～③　（略）（取引先からの相殺に関する規定）

④　甲が相殺した場合における債権債務の利息、割引料、保証料、清算金、違約金、損害金等の計算については、その期間を乙への相殺通知の到達の日までとします。また、利率、料率等について甲乙間に別の定めがない場合には乙が合理的に定めるところによるものとし、外国為替相場については乙の計算実行時において乙が合理的に選択する相場を適用するものとします。なお、期限前弁済について特別の手数料の定めがある場合は、計算実行時に期限前弁済があったものとしてその定めによるものとします。

（1）　7条、8条の意義

　7条、8条は、銀行からの差引計算（法定相殺、相殺予約に基づく約定相殺、払戻充当）および取引先からの相殺（いわゆる逆相殺）の手続を定

めたものです。以下では、これらの規定のうち、利息・損害金にかかわる部分を簡潔に紹介します。

（2） 7条3項・4項

① 概　要

　3項および4項では、銀行が相殺、相殺予約に基づく約定相殺、払戻充当（銀行が預金者に代わって預金の払戻しを受けて債務の弁済に充当する方法）を行った場合の利息や損害金等（以下まとめて「利息等」とする）の計算方法を定めるものです。なお、旧ひな型においては、相殺、相殺予約に基づく約定相殺、払戻充当を総称して「差引計算」と表記されていました。「差引計算」は法律用語ではなく、現状の銀行取引約定書では「相殺、払戻充当」と表記されることが一般ですが（3メガバンクの銀行取引約定書でも「差引計算」の用語は使われていない）、便宜上、本項目の説明ではこれらを「差引計算」と表記します。

② 7条3項

　3項では、利息等の計算時点を、銀行が差引計算の処理を行った日（帳簿上の処理日）としています（鈴木編・前掲355頁〔鈴木禄弥＝山本豊〕）。銀行取引約定書では、これが「計算実行の日」と表記されることが通例です。仮にこのような規定がないと、たとえば、銀行が相殺を行おうとする場合、利息等の計算時点は相殺適状成立時となるため、銀行としては当該時点を特定する必要が生じることになります。その場合、貸金債権と預金債権の双方の期日の到来を確認する必要があるところ、たとえば、受働債権の預金債権が定期預金の場合には、相殺通知の到達をもって定期預金の解約の効果が生じることから、債務者に相殺通知が実際に到達した日を特定、確認のうえ、損害金等を計算する必要があります。

　もっとも、常にこのような確認等を要するとなると計算事務が繁雑となることを踏まえ、本項の規定を設けて計算日を差引計算の処理を行った日（上記の例では相殺通知を発信し、帳簿上の処理を行った日となる）とするものとしています。

　また、差引計算に用いられる利率等については、銀行の定める利率としています。もっとも、このような利率等は、銀行がその都度、自由に定められるわけではなく、銀行があらかじめ定めた利率であって、かつ、それが客観的に相当なものといえる必要があると考えられます（その観点から「合理的に」と記載している）。

　なお、この3項の解釈および適用については、重要な裁判例（注2）があります。その詳細については別途7条全体の項目で解説します。

③　7条4項

　次に、4項では、差引計算にあたっていずれかの債権が外貨建てであって、差引計算を行う前提として為替レートを用いる必要がある場合、銀行による相殺等を行う「時点」の外国為替相場に従うことを定めています。

　ここでは、4項前段の規定と異なり、差引計算の「日」ではなく「時」と定められている点が特徴的です。これは、為替相場が一日の中でも刻々と変化することを踏まえ、差引計算において適用すべき相場を実際の差引計算の処理の時点（すなわち、「計算実行時」）とする旨を明らかにしています。たとえば、銀行が午後1時に差引計算を行った場合には、適用すべきレートはその午後1時の時点のものとなります。

　仮にこのような規定がない場合、たとえば、相殺を行うときには相殺適状の時に遡って通貨の換算をする必要が生じうるため、為替相場もその遡った日の相場を適用することになります。しかし、このような計算を要するとなると外国為替取引の安定を乱す危険があり、また相殺通知の到達「時」の為替レートを判別することがきわめて困難です（到達時刻の特定や、銀行休業日に到達した場合の為替相場をどのように判定すべきか等）。本項は、このような点を回避することを趣旨とします。

④　留意点

　以上が銀行取引約定書に設けられている事項ですが、金銭消費貸借契約書やデリバティブ取引における解約清算金の定め等、個別に相殺（ネッティング）に関する定めが設けられている場合には、当該約定書に記載された方法によって利息等を計算する必要がある点に留意してください。

（3）　8条4項

　本項は取引先から行う相殺（いわゆる逆相殺）の場合の利息等の計算方法を定めるものです。基本的には7条3項・4項と同趣旨の規定となっていますが、本項では以下の点に特色があります。

　まず、利息等の計算期間については、相殺適状の時期ではなく、銀行に相殺通知が到達した日となっています。これは利息等の計算が煩雑であることから、銀行にこれを委ねることを意図しているものです。また、取引先からの相殺の場合に適用される利率も、取引先のものではなく、7条3項と同様に「銀行」の利率等に従う点にも特色があります。

　外国為替相場についても、銀行が取引先の相殺通知等を受け、銀行が実際に帳簿上の処理をする時点でのレートを適用する旨が定められています。たとえば、相殺通知が外国為替市場が運営されていない休日に相殺通知が到達した場合でも、あくまで銀行が帳簿上の処理をする時点でのレートを適用して計算すればよいことになります（天野監修・前掲193頁〔安東〕）。

　次に、取引先からの相殺が実質的に期限前弁済に当たる場合（取引先が借入債務の期限の利益を放棄して相殺する場合）につき、期限前弁済について特別の手数料を支払う定めがある場合には当該手数料を支払うべき旨が定められます。たとえば、取引先が固定金利による借入を行っている場合、当該借入に係る契約書に期限前弁済を行うときには、いわゆる「ブレーク・ファンディング・コスト」を銀行に支払うことが定められることが通例です。したがって、期限前に取引先からの相殺が行われた場合には、当該取引に係る個別の契約書に、期限前弁済の場合に取引先が銀行に支払うべきコストや手数料の定めがないかどうかを確認する必要があります。

　　（注2）　神戸地裁尼崎支部平成28年7月20日判決（金融法務事情2056号85頁）、岡山地裁平成30年1月18日判決（金融法務事情2088号82頁）。本項に基づく相殺の遡及効につき、前者は銀行による相殺の実行時、後者は相殺適状時と判断した。

■事例解説

Q1 X銀行は、貸付先であるA社について、不動産の抵当権の設定を受けて貸付を行っていますが、土壌汚染が発覚して時価（担保価値）が大きく下がってしまいました。この場合に、銀行取引約定書や金銭消費貸借契約書の規定を根拠として利率を一方的に引き上げることはできるのでしょうか。

A1 基本的に一方的に利率を引き上げることはできません。利率の引き上げを行うためには、A社と別途合意する必要があります。

=== 解 説 ===

本文で解説したとおり、銀行取引約定書の規定上は、貸付先の同意なしに一方的に利率を引き上げることは定められておらず、あくまで債務者に協議を求めることができるにとどまっています。したがって、一方的な利率の引き上げを行うことはできず、この場合には銀行はA社に協議を求め、利率の引き上げについて合意するための交渉を行うことになります。

また、個別に締結されている金銭消費貸借契約上も、やはり一般には本文で解説した規定と同趣旨の協議義務を課す規定が設けられているにとどまり、銀行の判断で一方的に利率を引き上げる規定は設けられていないことが通例的であると思われます。

以上を踏まえると、利率を引き上げるためには、あくまで債務者であるA社との合意が必要です。なお、本文のような事例では、担保価値の減少を理由とした増担保請求（銀行取引約定書4条1項）を行い、A社が当該請求に応じられない場合に期限の利益を喪失させる対応を検討することも考えられます。

Q 2 　　Ｘ銀行の貸付先であるＡ社の信用が悪化し、貸付債権が期限を過ぎても返済されていません。リスケ交渉もうまくいかないため、今、払戻しを止めているＡ社の円預金と相殺しようと考えています。この場合、遅延損害金の計算をいつまで行えばよいでしょうか。また、貸付債権が外貨建債権の場合には、いつの時点の相場を用いればよいでしょうか。

A 2 　　Ａ社の預金と相殺処理を行う日までの遅延損害金を計算すればよいことになります。

　　また、外貨建債権の場合には、実際に相殺処理を行う時点で適用されている外国為替相場を用いることになります。

―――――――― 解　説 ――――――――

　銀行取引約定書が締結されている場合には、銀行が相殺（差引計算）しようとするときの遅延損害金の計算方法が定められています。本文の解説のとおり、銀行が行う場合の遅延損害金は「計算実行の日」となり、相殺の場合には相殺処理を行う日となります。

　ここでいう「相殺処理」とは、相殺通知書を銀行からＡ社に発信し、貸付債権とＡ社の預金について帳簿上の処理を行うことを指します。そのため、Ｘ銀行としては、相殺通知書がＡ社に到達した日ではなく、Ａ社の預金と相殺処理を行う日までの遅延損害金を計算すればよいことになります。

　また、貸付債権が外貨建債権の場合には、債権金額の具体的な計算のために外国為替相場（為替レート）を参照し、日本円に換算することが必要となります。本文の解説のとおり、相殺を行う場合に参照すべき相場は「計算実行時」となりますので、Ａ社に対して相殺通知を発信し、帳簿上の処理を行う時刻の外国為替相場を参照すればよいことになります。

第4条 （担保）

① 乙に提供されている担保について、乙の責に帰すことのできない事由により毀損、滅失もしくは価値の客観的な減少が生じたとき、または甲もしくは甲の保証人に信用不安が生じたときなど乙の債権保全を必要とする相当の事由が生じたと認められる場合において、乙が相当の期間を定めて請求したときは、甲は、乙が適当と認める担保もしくは増担保を提供し、または保証人（電子記録保証人を含みます。）をたてもしくはこれを追加するものとします。

② 甲が乙に対する債務を履行しなかった場合には、乙は、法定の手続または一般に適当と認められる方法、時期、価格等により担保を取立または処分のうえ、その取得金から諸費用を差し引いた残額を法定の順序にかかわらず甲の債務の弁済に充当できるものとします。取得金を甲の債務の弁済に充当した後において甲の債務がなお残っている場合には甲は直ちに乙に弁済するものとし、取得金に余剰が生じた場合には乙はこれを権利者に返還するものとします。

③ 甲が乙に対する債務を履行しなかった場合には、乙は、その占有している甲の動産、手形その他の有価証券（乙の名義で記録されている甲の振替株式、振替社債、電子記録債権その他の有価証券を含みます。）についても、前項と同様に取り扱うことができるものとします。

④ 本条の担保には、留置権、先取特権などの法定担保権も含むものとします。

1 本条の趣旨・制定経緯等

　本条は、銀行の債権回収の確実性を図るために担保について定めた規定です。平成12年の旧ひな型廃止後も、社債、株式等の振替に関する法律の施行に伴う証券のペーパーレス化、電子記録債権法の成立、でんさいネットの運用開始等を受け、各銀行において改訂がされていると思われます（改訂について検討した文献として葉玉匡美「電子記録債権を利用した銀行取引の留意点—銀行取引約定書の逐条解説－」金融法務事情1964号30頁、

田路至弘＝政本裕哉「でんさいネット利用に当たって知っておきたい企業の留意点－銀行取引・銀行との約定における変更点を中心に」NBL996号34〜35頁参照）。

　なお、旧ひな型4条2項で規定されていた共通担保条項については、旧ひな型廃止時に全国銀行協会が公表した「銀行取引約定書に関する留意事項」において、必要性に疑問があり削除も含め見直すことが望ましいとされていたこともあり、多くの銀行において削除されているようであり（村山洋介『銀行取引約定書ひな型廃止後の銀行取引約定書改訂動向（1）：地方銀行および第二地方銀行の動向を中心に』鹿児島大学法学論集41巻1号114頁参照）、本条項例でも規定していません。

2　1項について

（1）　意　義

　本項は、債権保全のために必要と認められる場合に、取引先に対して増担保を請求できることを定めたものです。本項は取引先との間の債権的契約であり、銀行が取引先に対し本項に基づき特定の担保や保証人の提供を請求した場合でも、これによって担保権設定契約や保証契約が成立することはありません（石井眞司『新銀行取引約定書の解説』24頁参照）。

　また、本項による請求に応じない取引先に対して、取引先の担保権設定の意思表示に代わる判決を求めて担保権設定の履行を強制することはできないと考えられます（全国銀行協会連合会法規小委員会編『新銀行取引約定書ひな型の解説』67頁）。

　もっとも、銀行が本項に基づく請求をした場合には、取引先は銀行に対し担保の提供義務を負い、請求に応じない取引先に対しては、銀行取引約定書5条2項3号または民法137条3号により期限の利益を喪失させることが可能です。また、割引手形の買戻請求権も発生します（銀行取引約定書6条2項）。

（2）　要　件

　本項に基づく請求をすることができるのは、銀行の債権保全の必要性が客観的に認められる場合に限られ、銀行の主観的・恣意的な事情による請求は認められません。旧ひな型廃止時の前記「留意事項」においても要件の明確化が求められており、各銀行においても同様の対応がされているものと思われます。

　たとえば、本項のように具体的事由を示すもののほか、担保の毀損、滅失、価値の減少や保証人に期限の利益喪失事由が生じた場合と、債権保全の必要性が生じた場合とを別条項で規定し、前者では「直ちに」増担保義務が生じ、後者では「乙の相当の期間を定めた請求」により増担保義務が生じるとするなど、担保の提供義務の発生時期に差異を設けるような例もあります（村山・前掲114頁参照。また、具体的条項例として天野佳洋監修『銀行取引約定書の解釈と実務』265頁〔資料編〕参照）。

　また、「生じた場合」との文言のとおり、銀行が増担保を請求できるのは、事情の変更が生じて債権保全の確実性が減少した場合に限られ、当初から保全の確実性が乏しかった場合に、事後救済的に本項に基づいて担保の提供を求めることは認められません（鈴木禄弥編『新版注釈民法（17）債権（8）』312頁〔鈴木禄弥＝山本豊〕）。

　債務者が提供する担保は「乙が適当と認める」もの、すなわち債権保全の目的に適うものである必要があります。もっとも、提供される担保の適否を銀行が専断的に判断することはできず、客観的に見て債権保全を図るのに十分な担保が提供された場合には、これによって取引先は担保提供義務を果たしたことになり、銀行が当該担保の提供を拒否して別の担保の提供を求めることはできません（鈴木編・前掲313頁〔鈴木＝山本〕）。

（3）　具体的な適用場面

　本項の適用場面としては、地価下落、株安や円高進行による上場株式担保の価値が下落した場合、保証人に銀行取引約定書5条1項または2項に

掲げる期限の利益喪失事由が生じた場合などが想定されます。

　なお、債務者の財務状態が悪化している状況下で本項による請求を行う場合には、直後の法的倒産手続において破産管財人等から担保権設定契約等の否認の主張をされる可能性がある点には留意が必要です。

3　2項について

　担保権の実行方法は民事執行法など法律に規定されていますが、法定の手続に従った担保権の実行は、執行・換価に時間や費用を要し、また売却価格が低廉になる傾向があるなど、銀行や、場合によっては債務者にとっても合理的でない場合があります。本項はこのような不都合を解消するため、銀行が法定の手続以外の方法により担保権の実行を行うことを可能とする規定です。

　担保権の実行の「方法、時期、価格等」は銀行の自由な選択に委ねられているものの、それは「一般に適当と認められる」限りにおいてであり、この範囲を逸脱した処分は、譲受人等第三者の存在により原状回復できない場合には銀行は取引先に対し損害賠償義務を負い、それ以外の場合でも、取引先に対する関係で処分自体が無効になるとする見解もあります（鈴木編・前掲322頁〔鈴木＝山本〕）。そのため、担保対象物件の性質などの個別の事情も踏まえ、適当な方法で処分を行う必要があります。

　本項により、銀行は法定充当（民法488条・489条）の順序によらずに弁済充当をすることができ、取引先はこれに対して異議を述べることはできません。もっとも、弁済充当の順序は完全に銀行の恣意的な判断に委ねられるものではなく、客観的に適当と認めうる範囲内でのみ銀行に裁量権が与えられており、この範囲を逸脱した充当は無効と解すべきとする見解もあります（鈴木編・前掲324頁〔鈴木＝山本〕）。

4　3項について

（1）　意義および法的性質

　本項は、取引先が債務不履行に陥った際に、銀行が取引先の動産や有価証券等を占有等している場合に、銀行においてこれらを処分し債権回収に充てられるよう、銀行の任意処分権および弁済充当権を定めた規定です。なお、従来、貸金庫の内容物は本項の対象にはならないと考えられていたところ（全銀協法規小委員会編・前掲71頁）、最高裁平成11年11月29日判決（民集53巻8号1926頁、金融・商事判例1081号29頁）は貸金庫の内容物について銀行に包括的な占有を認めました。もっとも、これにより直ちに本項の対象になるのかについては契約の解釈に関するものであり、慎重な検討が必要と思われます（秦光昭「貸金庫内容物と留置権」銀行法務21・575号70頁参照）。

　取立委任手形など銀行がその通常業務において占有を取得する債務者の財産については、多くの場合に商事留置権（商法521条）が成立します。他方で、換価権を伴わない留置的権能は担保として十分でないこと、物件の保存・管理を本来の業務としない銀行にとっては占有物件の管理は負担であること、実務上も取扱い頻度の高い取立委任手形の場合も、取立委任契約が解除された場合には取立権が失われ取立が留置物の「使用」（民法298条2項）と評価されるおそれがあることなど、商事留置権は銀行の債権保全手段としては不安定な面もあります。（鈴木禄弥＝竹内昭夫編『金融取引法大系第5巻担保・保証』204〜205頁〔清水元〕参照）。

　本項は、このような点も踏まえ、銀行にその占有する取引先の物件について任意処分権と弁済充当権を認め、その実行方法も、一般に適当と認められる方法、時期、価格等によることにすることで、銀行の債権保全の確実性を図るものです。

　なお、商事留置権が成立するためには銀行と取引先の双方が商人である必要がありますので、商人でない取引先との関係では商事留置権は成立し

ませんが、このような場合でも、銀行は本項により商事留置権に準じた効果を享受することができます（注1）。

　本項の法的性質について、本項所定の物件が銀行の占有下に委ねられた場合に、当該物件について取引先の債務不履行を停止条件とする担保権設定契約が成立するとの見解もありますが、判例においては、旧ひな型4条4項と同じの文言の信用金庫取引約定書の規定について、信用金庫に対し占有物を処分し債務の弁済に充当する債権的権限を認めるものであるとし、約定担保権が成立するとの見解は否定されています（最判昭和63・10・18民集42巻8号575頁、金融・商事判例810号3頁）。同判例の見解を前提にすれば、本項は取引先が銀行に対し占有物の任意処分権を認めた債権的契約（準委任契約）の性質を有するものと考えられます。

（2）　法的倒産手続下における本項の効力

　本項は取引先の債務不履行時に適用されるため、取引先に法的倒産手続が開始した場合の有効性も問題となります。

①　破産手続

　前記のとおり本項は準委任契約の性質を有するところ、準委任契約の委任者の破産手続開始決定は準委任契約の終了事由とされています（民法656条・653条2号）。前記の判例でも、信用金庫取引約定書4条4項について「取引先が破産した場合には、民法656条・653条の規定により右権限は消滅すると解するのが相当である」として、本項による処分権限は消滅するとされています（前掲最判昭和63・10・18）。

　他方で、取引先から割引依頼を受け占有していた手形について、銀行が取引先の破産手続開始決定後に旧ひな型4条4項に基づき手形交換により処分換価のうえ、被担保債権の弁済に充当した行為について、判例は、手形交換制度という取立者の裁量を差し挟む余地のない適正妥当な方法による換価処分であること、割引手形に商事留置権（破産手続開始決定後においては特別の先取特権とされる（破産法66条1項））が成立すること、他に特別の先取特権が存在しないこと（同条2項）などの事情を踏まえ、不

法行為責任の成立を否定しています（最判平成10・7・14民集52巻5号1261頁、金融・商事判例1057号19頁）。

　そして、本判決と前掲最高裁昭和63年10月18日判決との主な相違点が商事留置権の有無であることを踏まえ、本項の任意処分権および弁済充当権は、取引先の破産手続開始決定後においては、銀行が担保権を有しない場合には準委任契約の終了事由に該当し消滅し、他方で、銀行が担保権を有する場合には、担保権実行の特約（破産法185条1項）としてその効力を有するものと説明されています（山本和彦「破産と手形商事留置権の効力－最高裁平成10年7月14日判決をめぐって」金融法務事情1535号6頁。また、本判決以前の議論として菅原胞治「商事留置権の破産宣告後の留置的効力と優先弁済権（上）（下）」銀行法務21・508号4〜15頁・同509号26〜37頁参照）。

　したがって、商事留置権が成立する場合には、破産手続開始決定後も本項による処分、弁済充当も有効と考えられます。もっとも、本判決が手形交換制度による適正妥当な処分を理由として挙げていることからすれば、目的物が手形以外の場合にも同様の結論になるかどうかは慎重な検討が必要となります（注2）。

②　民事再生手続

　破産手続と異なり、委任者の民事再生手続開始決定は準委任契約の終了事由ではないため、再生手続開始後も本項に基づく任意処分は有効と考えられます。他方で、民事再生手続の開始決定後は再生債権の弁済は原則として禁止されること（民事再生法85条1項）、商事留置権は別除権として扱われますが（同法53条1項）、破産法と異なり民事再生法では商事留置権を特別の先取特権とする規定がないことから、占有物件に商事留置権が成立する場合でも、本項に基づく弁済充当が認められるか問題となります。

　この点について、取引先の民事再生手続開始決定後に、銀行が、旧ひな型4条4項に基づき取立委任手形を処分し取立金を弁済に充当した事案において、判例は、手形取立金にも商事留置権の留置的効力が及ぶとしたうえで、旧ひな型4条4項の規定を「別除権の行使に付随する合意」として

民事再生手続上も有効とし、民事再生手続開始決定後における同規定に基づく手形取立金の弁済充当を有効としています（最判平成23・.12・15民集65巻9号3511頁、金融・商事判例1387号25頁）。

本判決は取立委任手形について判断したものであること、「別除権の行使に付随する合意」との判示のとおり商事留置権の成立を前提としていることから、占有物件が手形以外の場合や商事留置権が成立しない場面における弁済充当の有効性については慎重な検討が必要です。

　③　会社更生手続

委任者の会社更生手続開始決定は準委任契約の終了事由ではありません。もっとも、会社更生手続においては、商事留置権は更生担保権とされ（会社更生法2条10項）、更生手続によらずに権利行使することが禁止されているため（同法47条1項）、仮に商事留置権が成立する場合でも、本項に基づく弁済充当は認められないと考えられます（手形の商事留置権の扱いにつき早川徹「手形について成立した商事留置権の債務者会社更生の場合の効力」金融法務事情1620号41〜44頁、伊藤眞『会社更生法・特別清算法』209〜210頁注81参照）。

（3）　投資信託受益権について

平成10年の投信窓販の解禁により、銀行は登録を受けたうえで取引先に投資信託受益権を販売することが可能となりました（銀行法11条2号）（注3）。

後記の投資信託振替制度移行以前は、投資信託委託会社を発行者とする受益証券が発行され、受益者である投資信託の購入者は、販売会社である銀行と保護預り契約（寄託契約）を締結して保護預り口座を開設し、購入した受益証券（投資信託及び投資法人に関する法律2条7項）を預託していたため、販売会社である銀行が当該証券を占有していると考えられていました（注4）。

そのため、銀行から受益権を購入した取引先が債務不履行に陥った場合には、銀行は本項に基づき投資信託委託会社に解約実行請求を行い、受領

した解約金を弁済に充当し、もしくは貸付債権と解約金返還債務を相殺することにより債権回収が行われていました（三井住友信託銀行法務部「投資信託に基づく債権回収」銀行法務21・743号8頁）。

　また、取引先に破産手続や民事再生手続が開始した場合にも、前記（2）の判例の考えに従えば、商事留置権が成立することを前提に本項による解約実行請求を行い、解約金を弁済に充当する方法による債権回収も可能であったと思われます。

　平成19年1月より受益証券のペーパーレス化を実現する投資信託振替制度に移行され、受益証券は現物がなくなり、代わりに振替機関および口座管理機関が管理する振替口座簿における記載によって受益権の帰属が決まることとされました（社債、株式等の振替に関する法律121条・66条）。もっとも、受益証券のペーパーレス化により、特に取引先の法的整理手続開始後の場面において、投資信託受益権を対象とする商事留置権の成否について、「有価証券」や「占有」の要件との関係で新たな論点が生じました。

　たとえば、投資信託受益権は、投信法や金融商品取引法において「有価証券」とされていることから（投資信託及び投資法人に関する法律2条5項、金融商品取引法2条2項・1項10号）、商法521条における「有価証券」に該当するとも考えられますが、他方で、商事留置権は券面の存在を前提としておりペーパーレス証券は「有価証券」に該当しないとする見解もあります。また、券面が存在しないため、口座管理機関である銀行に「占有」が認められるかについても問題となります（これらの見解について（注5）の文献参照）。

　このように、ペーパーレス化された投資信託受益権を対象とする商事留置権の成否ついては、これを肯定する見解と否定する見解の両説あるのが現状です。仮に商事留置権が成立しないとすれば、前記（2）の判例の考え方を前提とすると、法的倒産手続開始後に投資信託受益権を処分し、その代わり金を弁済に充当することは認められない可能性があります。

　一方で、投資信託受益権を販売している銀行においては、投資信託の販

売会社である銀行が受益者である顧客に対して停止条件付解約金返還債務を負担しているとの判決（最判平成18・12・14金融・商事判例1262号33頁）を受け、債権者代位権に基づき取引先である債務者に代わって自ら投資信託の解約実行請求をし、解約金の受領後、貸金債権を自働債権とし解約金返還債務と相殺する方法による債権回収が主流になったともされています（三井住友信託銀行法務部・前掲9頁。同最判は振替制度移行前の判決であるが、振替制度移行後にもその射程が及ぶと考えられている（新家寛＝西谷和美＝村岡佳紀「投資信託にかかる差押え－最小一判平18.12.14の射程－」金融法務事情1807号14頁参照））。

　もっとも、その後、販売会社である銀行が、貸付先の支払停止後、民事再生手続開始決定前に、債権者代位権による解約実行請求を行い、貸付債権を自動債権、解約金返還債務を受働債権として相殺した事案において、最高裁は、相殺禁止に該当し（民事再生法93条1項3号）、また、①受益権および解約後の解約金支払請求権につき、すべての再生債権者が責任財産としての期待を有していること、②解約実行請求は支払停止を知った後に行われたこと、③自由に他の振替先口座に振替可能であったこと、④相殺の前提として債権者代位権により解約実行請求するほかなかったことを理由に、解約金返還債務は、投信管理約款の締結という支払停止よりも「前に生じた原因」（同法93条2項2号）に基づいて負担したものとはいえないとして、相殺の効力を否定しました（最判平成26・6・5民集68巻5号462頁、金融・商事判例1457号25頁）。本判決の相殺の合理的期待についての考え方は破産手続や会社更生手続の場合にも及ぶと考えられています（中西正「民事再生法上の相殺禁止と投資信託解約金支払債務との相殺」銀行法務21・775号36頁）。この判決を前提とすると、相殺による債権回収にも一定の限界があることになります。

　なお、同判決は貸付先法人の代表者に対する保証債務履行請求権を自働債権とする相殺が問題となった事案であること、銀行と当該代表者との間で銀行取引約定書が締結されていた事実には言及されていないこともあり、その射程は慎重に検討する必要があります（注6）。

（4）　電子記録債権、でんさいについて

　平成20年に電子記録債権法が施行され、また、平成25年2月18日より、電子債権記録機関である株式会社全銀電子債権ネットワーク（以下「でんさいネット」という）の運用が開始されました。特にでんさいは、電子記録債権の手形的利用を想定した制度であるものの、本条項の「手形その他の有価証券」に読み込めるかどうか判然としないことから、各銀行においても、本項の適用対象として「電子記録債権」を追加していることがあると思われます。

　本条項例のような規定（前掲・葉玉31頁、前掲・田路＝政本・前掲同頁参照）のほか、でんさいの占有がどのような状態であるかを明確化するため、「乙に債権者口座が存ずる甲の電子記録債権」と規定する例もあります（天野監修・前掲265頁〔資料編〕、浅田隆ほか「座談会　ペーパーレス証券からの回収の可能性と課題－投信受益権からでんさいまで－」金融法務事情1963号34頁参照）。

　もっとも、取引先に法的倒産手続が開始した後においては、手形の場合と同じように商事留置権の成立を前提に本項により回収を図ることができるか、口座間送金決済（電子記録債権法62条2項）により支払期日に窓口金融機関のでんさいの債権者口座へ入金された預金債務を受働債権として相殺により回収を図ることができるのかについて、投資信託受益権の場合と同様に、商事留置権の成否、相殺禁止規定との関係が問題となります。

　具体的には、商事留置権の成立を前提に回収を検討する場合には、利用申込、決済用口座開設、譲渡等の各種記録申請の取次ぎ、口座間送金決済に係る記帳業務等を行っていることをもって窓口金融機関に（準）占有が認められるか、仮に認められたとしても、電子記録債権が商法521条の「有価証券」に該当するか、「商行為によって自己の占有に帰属」したといえるかが問題となります。

　また、相殺による回収を検討する場合には、支払停止後に口座間送金決済により生じた預金債務が支払停止等を知った時より「前に生じた原因」

（破産法71条2項2号、民事再生法93条2項2号）に基づくものといえる
かについて、でんさいでは口座間送金決済以外の方法による決済も認めら
れていること（でんさいネット業務規程40条2項）、口座間送金決済の中
止申出の規定があること（同規定44条）、でんさいの債権者は決済用口座
を他の窓口金融機関の預金口座に変更することも可能であることとの関係
などが問題となります（以上の論点を解説した文献として長島・大野・常
松法律事務所『ニューホライズン事業再生と金融』328～355頁参照）。

　いずれの点についても現時点で公表された裁判例等は存在しません。学
説では商事留置権について、「物又は有価証券」の「占有」に準じる状況
が存在するとしてその成立する余地を認める解釈もある一方で、商事留置
権の制度趣旨に鑑みそのような解釈に否定的な見解もあります（電子的記
録に基づく権利を巡る法律問題研究会「振替証券・電子記録債権の導入を
踏まえた法解釈論の再検討」金融研究34巻3号40～43頁参照）。

　また、相殺については、前記のとおり、でんさいの債務者には口座間送
金決済以外の方法による弁済も認められている点などが、前掲・最判平成
26年6月5日判決が理由として指摘する「自由に他の振替先口座に振替可
能であったこと」との関係で相殺の合理的期待を否定する要素にもなる可
能性が指摘されています（電子的記録に基づく権利を巡る法律問題研究
会・前掲51～52頁）。したがって、でんさいからの債権回収を検討する場
合には、これらの点に留意のうえ慎重に対応する必要があります。

　なお、政府は約束手形の利用廃止に向けた取組みを推進するとしていま
す（中小企業庁「約束手形をはじめとする支払条件の改善に向けた検討
会」報告書参照）。今後は、本条項のこれまでの意義や役割を踏まえ、引
き続き銀行が債権回収の優位性を確保するにはどうすべきか検討する必要
があるでしょう。

　　　（注1）　旧ひな型制定時の全国銀行協会連合会通達において、4条4項に
　　　　　　　ついて「取引先が債務の弁済を滞ったとき、取引先が銀行に対し
　　　　　　　取立を依頼した手形・小切手・割引のために持参しまだ割引いて

いない手形、保護預けのために寄託した物件（貸金庫、封緘中の物件を除く）等取引により銀行の占有している動産、有価証券がある場合には、商事留置権の有無にかかわらず銀行においてそれを取立あるいは換価し、債権の回収にあてられるように銀行に取立、処分権を与えたものである」と説明されている（西尾信一『銀行取引の法理と実際』263頁）

（注2）東京高裁平成21年2月24日判決（金融法務事情1875号88頁）は、取引先の破産手続開始決定後に小切手の一種であるクリーンビルの取立金につき、商事留置権および旧ひな型4条4項に基づき弁済充当をした銀行の行為を適法としており、最高裁平成10年7月14日判決の射程をクリーンビルに及ぼしたものと位置付けられる（弥永真生「破産手続開始決定後に取立委任に基づく取立金を被担保債権の弁済に充当する行為の不法行為該当性」金融法務事情1876号25頁）。

（注3）銀行が販売する証券投資信託の関係者としては、委託者（投資信託委託会社）、受託者（信託銀行）、受益者（一般投資家）、販売会社（銀行などの金融機関）であり、契約関係としては、①委託者と受託者との間で適用される投資信託に関する信託契約（通常、投資信託約款などによる）、②委託者と販売会社の間で締結される募集販売契約、③販売会社と受益者との間で適用される取引約定（投資信託振替制度移行後は、これに加えて振替決済口座管理約款がある）が存在する（奥国範『投資信託に関する財産権の差押え－最一小判平18.12.14－』金融法務事情1833号37頁参照）。

（注4）実際には銀行が販売会社の場合には、銀行は受益証券を自ら保管せず受託銀行に再寄託し、受託銀行が保管しているケースも多く、また、受益証券の保管は受益者ごとではなく複数の口数をまとめた「大券」により保管されていた（村岡佳紀「投資信託における契約関係」金融法務事情1796号16頁参照）。この場合、大券を保管している受託銀行が受益証券の直接占有者となり、販売会社である銀行は投資家とともに間接占有者になるとの見解が有力だったようである（浅田隆ほか「座談会　ペーパーレス証券からの回収の可能性と課題－投信受益権からでんさいまで－」金融法務事情1963号11頁参照）。

（注5）肯定的な見解として中野修「振替投資信託受益権の解約・処分に

よる貸付債権の回収」金融法務事情1837号50頁、坂本寛「証券投資信託において受益者に破産手続ないし民事再生手続が開始された場合の債権回収を巡る諸問題」判例タイムズ1359号22頁、弥永真生「商法521条にいう『自己の占有に属した債務者の所有する物又は有価証券』とペーパーレス化」銀行法務21・744号34頁など。否定的な見解として、天野佳洋「振替証券と銀行の債権保全・回収」田原睦夫先生古稀記念・最高裁判事退官記念論文集『現代民事法の実務と理論（上）』767頁。このほか、電子的記録に基づく権利を巡る法律問題研究会「振替証券・電子記録債権の導入を踏まえた法解釈論の再検討」金融研究34巻3号32〜43頁、金融法委員会「振替株式等と商事留置権の成否」参照。なお、販売会社として銀行が行う募集・販売・解約等の事務内容や振替業務を行っている事実関係等に着目して投資信託受益権の準占有を肯定し旧ひな型4条4項の投資信託受益権への適用を認めて銀行の不法行為を否定した裁判例として大阪地裁平成23年1月28日判決（金融法務事情1923号108頁）がある。

（注6）同判決は銀行取引約定書が締結されていない前提での判決であることが最判昭和63年判決との違いであり、旧ひな型4条4項の規定が存在すれば相殺の合理的期待が認められる可能性を指摘するものとして、片岡雅「投資信託の解約金支払請求権を受働債権とする相殺の可否」金融法務事情2015号30〜32頁。また、同判決の射程との関係で、危機時期以後に金融機関に投資信託受益権の任意処分権を付与することや、他の口座振替機関への振替を制限することを内容とする投資信託取引約定の改定の必要性について言及するものとして、山本和彦「相殺の合理的期待と倒産手続における相殺制限－最一小判平26.6.5を契機として－」金融法務事情2007号15頁、高山崇彦「投資信託と相殺」伊藤眞＝園尾隆司＝多比羅誠編集代表『倒産法の実践』382頁参照。

5 4項について

　旧ひな型では、法定担保権が本条の適用対象になるかどうか不明確であり、これを否定する見解もありました。そこで、法定担保権も本項の適用

対象であることを明確化するため、本条項を置いている銀行もあります（天野監修・前掲112頁〔安東〕参照）。

▌事例解説

Q　X銀行は、A株式会社（以下「A社」という）との間で銀行取引約定書を締結のうえ、貸付をしていましたが、先日、A社は支払を停止し、その後、破産手続開始決定がされました。

　X銀行は、破産手続開始決定前にA社から取立委任を受けたものの支払期日の到来していない手形を保有していましたが、破産手続開始決定後にこれを換価処分のうえ、A社に対する貸金債権の回収に充てることはできるでしょうか。A社に民事再生手続が開始された後の場合はどうでしょうか。

A　X銀行が占有する手形には商事留置権が成立していると考えられるため、いずれの場合も手形を取立処分のうえ取立金を弁済に充当できると考えられます。

―――――――― **解　説** ――――――――

❶ 前段について

　A社に破産手続が開始した場合、取立委任契約は終了します（民法653条2号）。

　他方で、X銀行が占有する手形に商事留置権（商法521条）が成立する場合には、破産手続では商事留置権は特別の先取特権として優先弁済が認められるため、破産手続によらない方法での回収が認められます（破産法66条1項）。そこで、X銀行は商事留置権に基づき手形を換価処分の上で

弁済に充当することができるかが問題となります。

　この点、商事留置権の要件は、①当事者双方が商人であること、②被担保債権がその双方のための商行為によって生じたこと、③被担保債権が弁済期にあること、④目的物が債務者の所有する物または有価証券であること、⑤債権者が債務者との間の商行為によって目的物の占有を取得したことです。

　本件では、A社およびX銀行はともに株式会社であるため商人であり（①）、被担保債権は銀行融資でありA社にとっては附属的商行為（商法503条1項）、X銀行にとっては営業的商行為（同法502条8号）であり双方のための商行為によって生じたといえ（②）、A社が破産手続開始の申立をしたことで銀行取引約定書5条により被担保債権は期限の利益を喪失し弁済期にあります（③）。そして、「有価証券」である手形について、X銀行はA社との取立委任契約によってその占有を取得しており、手形の所有権はA社にあります（④）。なお、取立委任契約はA社にとっては附属的商行為です（⑤）。したがって、X銀行は手形の上に商事留置権を有します。

　そして、前掲最高裁平成10年7月14日判決は、商事留置権の留置権能が破産手続開始決定後も存続することを前提に、破産手続開始決定後において、銀行が占有する支払期日未到来の手形につき、手形交換制度という取立をする者の裁量等の介入する余地のない適正妥当な方法による場合には、当該手形に他に特別の先取特権が成立していないことを条件として（破産法66条2項参照）、商事留置権および旧ひな型4条4項（本条項例4条3項。以下同じ）に基づき自ら取り立て換価のうえ貸金債権の弁済に充当することを適法としています。

　取引先の債務不履行時に銀行が占有する取引先の動産等の任意処分権および弁済充当権限を定めた旧ひな型4条4項の性質は準委任契約であると解されているため（前掲最判昭和63・10・18）、委任者である取引先の破産手続開始決定により同権限は消滅すると考えられますが、本最高裁判決は、旧ひな型4条4項について、銀行に商事留置権が成立する場合には、

別除権の任意処分方法を定める特約として位置付けたものと考えられます（破産法185条1項）。

　したがって、本事例では、手形につき他に特別の先取特権が存在しない限り（通常、存在しないと思われる）、X銀行は手形を手形交換により取立処分のうえ、その取立金を貸金債権の弁済に充当することができると考えられます。

❷ 後段について

　破産手続の場合と異なり、民事再生手続の開始決定は準委任契約の終了原因ではないため、X銀行は取立委任契約に基づき手形を手形交換により換価処分することができます。

　また、前段と同様、X銀行は手形について商事留置権を有するところ、手形の取立処分をした後の取立金にも留置的効力が及ぶか、金銭の所有と占有は特段の事情のない限り一致するとした最高裁平成15年2月21日判決（民集57巻2号95頁、金融・商事判例1167号2頁）との関係で問題となりますが、前掲最高裁平成23年12月15日判決は、手形交換制度という裁量等の介在する余地のない適正妥当な方法による換価がされており、また取立金が銀行の計算において分別管理されているとして、取立金への留置的効力を肯定しています。

　別除権の行使として取立金を留置することができたとしても（民事再生法53条2項）、民事再生法においては商事留置権に優先弁済権を認める明文の規定がないため取立金を貸金債権の弁済に充当することが弁済禁止（同法85条1項）の規定に抵触しないか問題となりますが、前掲最高裁平成23年12月15日判決は、旧ひな型4条4項の規定を「別除権の行使に付随する合意」であるとし、民事再生法上も有効なものとして、これに基づく弁済充当を肯定しています。

　したがって、本事例でもX銀行は手形を取立処分のうえ、取立金を弁済に充当することができると考えられます。

第5条（期限の利益の喪失）

① 甲について次の各号の事由が1つでも生じた場合には、乙からの通知催告等がなくても、甲は乙に対するいっさいの債務について当然期限の利益を失い、直ちに債務を弁済するものとします。

　1．支払の停止または破産手続開始、民事再生手続開始、会社更生手続開始もしくは特別清算開始の申立があったとき。

　2．手形交換所または電子債権記録機関の取引停止処分を受けたとき。

　3．甲または甲の保証人の預金その他の乙に対する債権について仮差押え、保全差押えまたは差押えの命令、通知が発送されたとき。

　4．甲の責めに帰すべき事由によって、甲の所在が乙にとって不明になったとき。

② 甲について次の各号の事由が1つでも生じた場合には、乙からの請求によって、甲は乙に対するいっさいの債務について期限の利益を失い、直ちに債務を弁済するものとします。

　1．乙に対する債務の一部でも履行を遅滞したとき。

　2．担保の目的物について差押えまたは競売手続の開始があったとき。

　3．乙とのいっさいの約定の1つにでも違反したとき。

　4．甲の保証人が前項または本項の各号の1つにでも該当したとき。

　5．前各号のほか乙の債権保全を必要とする相当の事由が生じたとき。

③ 前項において、甲が乙に対する住所変更の届け出を怠るなど甲の責めに帰すべき事由により、乙からの請求が延着しまたは到達しなかった場合には、通常到達すべき時に期限の利益が失われるものとします。

1　期限の利益の喪失の概要

（1）　期限の利益喪失条項の必要性

　与信取引においては、契約上定められた弁済期が到来しなければ、銀行は取引先に対して弁済を請求することができず、取引先の側から見れば、

取引先は期限の利益を有することになります。

　他方、債務者の信用悪化が顕著な場合に期限の利益が維持されれば公平に反する場合もあることから、民法は、①債務者が破産手続開始の決定を受けた場合、②債務者が担保を減失させ、損傷させ、または減少させた場合、あるいは、③債務者が担保を供する義務を負う場合において、これを供しない場合には、債務者は期限の利益を喪失するものとしています（民法137条）。

　しかしながら、取引先の信用が悪化していく過程において、期限の利益の喪失が認められる場合がこれらに限られるとすれば、その間に取引先から回収の引当てとなる財産が逸失し、あるいは、他の債権者に債権回収が後れることが想定され、十分な与信保全が実現できません。そのため、銀行と取引先との間で与信の基礎となる信用に悪影響を与える一定の事由が生じた場合には、取引先が期限の利益を喪失し、銀行が取引先に対して直ちに弁済を請求できる旨を契約において規定する必要があり、5条の期限の利益喪失条項はこれを実現するものです。

（2）　当然喪失条項と請求喪失条項

①　当然喪失条項の概要

　5条1項はいわゆる当然喪失条項であり、同項に規定する事由（以下「当然喪失事由」という）が発生した場合、取引先は当該事由が発生した時点で銀行に対するいっさいの債務について期限の利益を喪失し、直ちに債務を弁済する義務を負います。

　各号の文言は後述のとおりですが、1号および2号は、取引先の信用悪化の程度が顕著な定型的徴候を限定列挙したものであり、3号は銀行の相殺権の対外効を確保するために必要十分な事由を規定したものであり、4号は取引先の背信的な所在不明に対処する規定を定めたものであると説明されています（全国銀行協会連合会法規小委員会編『新銀行取引約定書ひな型の解説』75頁）。

②　請求喪失条項の概要

　5 条 2 項はいわゆる請求喪失条項であり、同項に規定する事由（以下「請求喪失事由」という）が発生した後、銀行が取引先に請求をすると、それによって取引先は銀行に対するいっさいの債務について期限の利益を喪失し、直ちに債務を弁済する義務を負います。

　1 号ないし 4 号の事由は、当然喪失事由に比べると債権保全の必要性・急迫性の程度は劣るものの、取引先の信用悪化に結び付く事由であり、これらを例示的に挙げたうえ、5 号として、「前各号のほか乙の債権保全を必要とする相当の事由」というキャッチオールの事由を設けています。

③　当然喪失条項と請求喪失条項の区別

　当然喪失条項と請求喪失条項の違いは、期限の利益を喪失させるために銀行の請求を要するか否かという点にありますが、債権法改正により相殺に関する無制限説が明文化されたため、当然に期限の利益を喪失させることの必要性は低下するとの指摘もあります。

　すなわち、昭和37年に銀行取引約定書のひな型がはじめて作成された時点においては、判例（最判昭和32・7・19民集11巻 7 号1297頁）は相殺に関して相殺適状説を採用していたため、銀行が差し押さえられた預金との相殺をもって差押債権者に対抗するには、差押えの時点で弁済期の到来した債権を取得している必要がありました（そのため、昭和37年当時の旧ひな型においては、差押え等の「申請があったとき」を当然喪失事由として、自働債権の弁済期を差押えよりも前の時点で発生させる建付けとしていた）。

　しかしながら、その後、判例は、制限説（自働債権の弁済期が受働債権の弁済期よりも先に到来する場合には銀行取引約定書の規定に基づき相殺可能）を経て（注 1 ）、無制限説（差押え時点で自働債権を取得していれば、受働債権の弁済期との先後を問わず相殺適状に達すれば相殺可能）を採用するに至っています（最大判昭和45・6・24民集24巻 6 号587頁、金融・商事判例215号 2 頁）。

　無制限説を前提とすれば、差押え等の時点で相殺適状にある必要も、自

働債権の弁済期を受働債権のそれよりも先に到来させる必要もないので、銀行の請求によらずに当然に期限の利益を喪失させる必然性はないことになります（鈴木禄弥編『新版注釈民法（17）債権（8）』370頁〔鈴木禄弥＝山本豊〕、三上徹「期限の利益喪失条項と喪失事由」塩崎勤ほか編『新・裁判実務大系（29）銀行関係訴訟法（補訂版）』155頁以下）。そのため、債権法改正により、無制限説が明文化された以上は、少なくとも当然喪失事由のうち、預金に対する仮差押えを請求喪失事由に改めるべきとする見解が見られます。

なお、期限の利益を喪失した時点は、銀行による権利行使が可能となった時点として消滅時効の起算点にもなるため、債権管理の観点からは、請求によらずに当然に期限の利益が失われることが銀行にとって必ずしも望ましいとは限らない点には留意が必要です。

④　債権保全の客観的必要性の要求

5条2項5号の趣旨については、「期限の利益喪失条項の有効性の前提条件を規定したもの」であり、1項各号の当然喪失事由または2項各号の請求喪失事由に形式的に該当する事実が生じた場合であっても、債権保全の客観的必要性が実質的に存しないときは、期限の利益喪失の効果は生じないと解すべきであるとされています（全国銀行協会連合会法規小委員会編・前掲87頁）。

期限の利益喪失条項は銀行優位の規定であるとして批判に晒されてきた歴史もあり、次項 **2** 以下の各号の事由の解釈論においても債権保全の客観的必要性が要求されることが強調されています。

もっとも、近年では、必ずしも銀行取引約定書の適用を前提としない個別性の強いローン形態も多く（たとえば、シンジケートローンやストラクチャードファイナンスにおけるローン契約など）、そうした契約書においては、期限の利益喪失事由が銀行取引約定書に比してより具体的に規定される傾向にあると思われます。

たとえば、ある指数を一定の数値以上に保つ義務が課されており、その義務違反が請求喪失事由を構成する例などが考えられます。そのような

ケースにおいても、債権保全の客観的必要性がまったく存しない場合には前記のとおり期限の利益喪失の効果は生じないと解すべきでしょうが、通常は個別の案件の特性に即して合理的な数値（すなわち、債権保全の客観的必要性が生じるような数値）が定められているはずであるし、そうでなければ、事業を営む債務者において受け入れ難いはずです。

したがって、当事者間の交渉の結果としてそのような期限の利益喪失事由が定められたうえで、借入人がそれを遵守できなかったのであれば、原則的には債権保全の客観的必要性が認められてしかるべきでしょう（同旨を述べるものとして、青山大樹編著『詳解　シンジケートローンの法務』169頁）。

　（注１）　最大判昭和39・12・23民集18巻10号2217頁。制限説のもとでは、当然喪失条項は、自働債権の弁済期を極力早め、これを受働債権の弁済期よりも前に到来したことにして、純然たる法定相殺では相殺の対抗ができない場合にも相殺を可能にすることを目的とする特約として理解することができるが、本注の判例は差押債権者との関係でその特約の効力を一部否定した（鈴木編・前掲370頁〔鈴木＝山本〕）。

2　1項（当然喪失条項）について

（1）　1号について

①　支払の停止について

支払の停止とは、支払不能（破産法2条11項において、債務者が、支払能力を欠くために、その債務のうち弁済期にあるものにつき、一般的かつ継続的に弁済することができない状態と定義されている）であることを明示的または黙示的に外部に表明する債務者の主観的な態度をいうと解されています。

たとえば、①取引先が支払できないことを書面もしくは口頭で通知する

行為、店頭に掲示する行為または回状・広告を出す行為、②閉店、廃業届けの提出または夜逃げなどの行為がこれに当たると解されています（全国銀行協会連合会法規小委員会編・前掲80頁）。

支払の停止の該当性について比較的近年に議論のあった事由として、事業再生ADRにおける一時停止通知が挙げられます。

事業再生ADRにおいては、事業再生実務家協会（JATP）と債務者の連名により、対象債権者に対し、債権回収、担保権の設定、法的手続の申立等をしないことを要請する通知がなされるところ、これが支払の停止に該当しないかが問題になります。

この点、一時停止の要請通知は、JATPが事業再生の見込みがあり、それが債権者全体の利益保全に資するものであると判断したことを表明するものであるから、これを支払の停止に該当するとみなすべきではないという見解も見られます（伊藤眞「第3極としての事業再生ADR─事業価値の再構築と利害関係人の権利保全の調和を求めて」金融法務事情1874号144頁）。

もっとも、一般論として事業再生ADRの趣旨を尊重すべきことは当然であるとしても、個別的な事情のもとで支払停止に該当すると解すべき場合はありうるように思われます。

② 法的整理手続について

法的整理手続の開始については、これが著しい信用悪化の徴候であることは論を俟たず、また、その該当性も明確であることから、本稿では深く立ち入ることはしません。

旧ひな型の制定後、法的整理手続について法改正があったことから、現時点では、「破産手続開始、民事再生手続開始、会社更生手続開始もしくは特別清算開始の申立があったとき」と規定する銀行が多いと思われます。

（2） 2号について

取引先が手形交換所の取引停止処分を受けた場合、参加銀行は、処分日から2年間、当該取引先との間で当座勘定および貸出の取引が禁止されま

す（東京手形交換所規則62条2項）。そのため、取引停止処分は、取引先の信用悪化を示す定型的な徴候として当然喪失事由とされています。

　現在では、手形に代わり電子記録債権が決済手段として用いられる場合があり、電子債権記録機関が手形交換所と同様の機能を有していることから、「手形交換所または電子債権記録機関の取引停止処分を受けたとき」と規定する銀行が多いと思われます。

（3）　3号について

　本号は、預金に対して差押え等があった場合に銀行の相殺権を確保するために導入されましたが、債権法改正における無制限説の明文化により、少なくとも仮差押えは当然喪失事由から請求喪失事由に改めるべきであるとの提言があります（井上聡＝松尾博憲編著『practical金融法務　債権法改正』256頁以下〔小笠原恵美〕）。

　その理由として、①債権法改正後の民法は、無制限説を明文化したことから、相殺における自働債権の弁済期を受働債権のそれよりも先に到来させる必要性は乏しくなったこと、②仮差押えは差押債権者からの一方的な申立でなされ、必ずしも債務者の信用悪化の徴候であるとは限らないという点が挙げられています（注2）。

　他方、差押えについては、請求喪失事由とすると、請求するか否かの判断に時間を要する場合に、かかる請求が差押債権者による取立権行使に後れることにより差押えに対抗できないケースが生じうるため不都合であること等を理由として、当然喪失事由として維持すべきであるとされています。

　前記の提言の採否は各銀行の判断次第ですが、債権法改正によって変更を検討しうる例の1つといえます。

（4）　4号について

　取引先はその信用状況が悪化すると、銀行に行方を知らせずに所在をくらますケースも多いことから、取引先の背信的な所在不明が生じたときは、

銀行が直ちに権利を行使して速やかに取引関係に決着をつけることができるようにすることが本号の趣旨であると説明されています（全国銀行協会連合会法規小委員会編・前掲84頁）。

　もっとも、所在不明により期限の利益が当然に喪失するとしても、所在不明がいつ生じたのかは不明であることが多いため、銀行にとっては消滅時効の起算点が不明確になるというデメリットも指摘されています。

　そのため、所在不明はあえて当然喪失事由から除外したうえで、2項の請求喪失条項に係る請求が取引先の帰責事由により延着し、または到着しなかった場合には通常到達すべき時に期限の利益が失われたものとする規定（以下「みなし到達規定」という）を置き、所在不明の場合はあくまでも請求喪失事由が発生したことを前提として、かかる請求の不到達等をもって期限の利益が喪失したものとする銀行も存するようです（注3）。

　他の銀行においても、旧ひな型の5条3項に相当する位置に、みなし到達規定を置く例が多いですが、所在不明を当然喪失事由とする規定は維持しているようです（天野佳洋監修『銀行取引約定書の解釈と実務』252頁〔安東克正〕以下に添付された3メガバンクの銀行取引約定書を参照した）。

（注2）なお、手形の買戻請求権を自働債権とする相殺については、差押え後に請求により手形の買戻請求権を発生させると、差押え後に取得した債権として相殺できない可能性があるので、保守的に仮差押えの通知があったときを買戻請求権の発生時期として維持すべきであるとする。

（注3）三上・前掲162頁。なお、井上＝松尾・前掲48頁においては、債権法改正後の民法166条1項が、①債権者が権利を行使することができることを知った時と、②権利を行使することができる時という2つの時効起算点を採用したことから、これらの起算点がずれることを避けるために、当然喪失事由として「甲（取引先）が所在不明になったことを乙（銀行）が知ったとき」と規定する方法が提案されている。

3　2項（請求喪失条項）について

（1）　本項の意義

　本項はいわゆる請求喪失条項であり、同項に規定する事由が発生した場合、銀行は取引先に請求することにより、取引先の銀行に対するいっさいの債務について期限の利益を喪失させることができます。

　すなわち、本項は、当然喪失事由と比較すると債権保全の必要性・急迫性の程度は劣るものの、債権保全の必要性が認められる事由が発生した場合に、銀行が「請求」（期限の利益を喪失させるという意思表示）を行うことを要件として、期限の利益の喪失という効果を生じさせるものといえます。

　なお、銀行の請求により取引先が期限の利益を喪失した時点は、銀行による権利行使が可能となった時点または銀行が権利行使が可能であることを知った時点として、消滅時効の起算点になります（民法166条１項）。

（2）　請求喪失事由

①　はじめに

　本項は、１号から４号において、請求喪失事由として、債権保全を必要とする類型的な事由を挙げたうえで、５号において、請求喪失事由に係るバスケット条項として、「債権保全を必要とする相当の事由」という事由を定めています。

　前記のとおり、本項は取引先に債権保全の客観的必要性があることを当然の前提としている規定であるため、形式的に１号から４号に定める事由が生じた場合であっても、個々の具体的事情に鑑み債権保全の客観的必要性が認められない場合には、本項に基づき期限の利益を喪失させることはできません。

　そこで、銀行としては、１号から４号の事由が生じた場合には、債権保全の客観的必要性が生じているか否かを確認し、期限の利益の喪失の可否

を判断する必要があります。

② 1号について

本号は、取引先が銀行に対して負担する取引上の金銭債務の弁済を怠った場合を請求喪失事由として規定しています。1個の貸付において分割弁済の約定がある場合に1回でも弁済がなされなかった場合や、数個の貸付のうち1個でも弁済期に弁済がなされなかった場合などが本号に該当します。

もっとも、たとえば、取引先が単に入金をし忘れた場合など、金銭債務の弁済の懈怠が取引先の信用悪化を基礎付ける事情とはいえない場合には、本号に基づき期限の利益を喪失させることはできないと考えられます。

他方、たとえば、取引先が資金不足の状況にあり、今後、かかる状況が解消される可能性は低いといった事情がある場合には、本号に基づき期限の利益を喪失させうると考えられます。

③ 2号について

本号は、銀行に差し入れられている担保物件（特に担保不動産）について、他の債権者から差押えがあった場合、第三者の申立により強制競売、強制管理または任意競売の開始決定があった場合、国税滞納処分による差押え等の換価手続が開始された場合等を請求喪失事由として規定しています。

本号を請求喪失事由とする理由は、借入人が担保を差し入れている場合には、担保物件の差押えにより事業の継続が困難になる可能性があり、第三者が担保を提供している場合には、これを担保とする他の融資を受けることができなくなる可能性があり、いずれの場合も信用悪化に陥る可能性が高いことにあるとされています（全国銀行協会連合会法規小委員会編・前掲86頁）。

もっとも、たとえば、担保不動産の一部に差押えがあったとしても、他の担保不動産により債権が保全されており、取引先の信用状態も特に悪化していないという場合には、本号に基づき期限の利益を喪失させることはできない可能性が高いと考えられます。

なお、担保の目的物に仮差押えや保全差押えがあった場合や、担保の目的物以外の財産について前記の換価手続が開始された場合には、本号には該当しないため、5号の請求喪失事由に該当するか否かが問題となります。

　④　3号について

　本号は、1号の金銭債務の不履行以外で、取引先に銀行との約定に違反する事実があった場合を請求喪失事由として規定しています。

　本号に該当する事由としては、たとえば、取引先が4条1項に定める担保提供義務を履行しなかった場合、13条1項に定める届出義務を履行しなかった場合、14条に定める報告義務等を履行しなかった場合等のほか、銀行取引約定書以外の銀行との間の約定書に違反した場合（たとえば、抵当権設定契約に違反して、銀行の書面承諾を得ずに抵当不動産を第三者に譲渡した場合、銀行に差し入れた念書に違反した場合、個別の金銭消費貸借契約におけるコベナンツに違反した場合等）が挙げられます。

　もっとも、約定違反には軽微なものなど債権保全の必要性に結び付かないものもあるため、約定違反により債権保全の客観的必要性が生じているといえるかは慎重に判断する必要があります。

　なお、銀行によっては、銀行取引約定書に基づく銀行への報告または銀行へ提出する財務状況を示す書類に重大な虚偽の内容があったことも請求喪失事由として規定している例が見受けられます。

　⑤　4号について

　本号は、保証人に当然喪失事由（5条1項3号の事由を除く）または請求喪失事由が生じたことを請求失期事由として規定しています。これは、取引先本人の信用状況によっては、保証人の信用悪化により債権保全の必要性が生じる場合があるためとされています（全国銀行協会連合会法規小委員会編・前掲87頁）。

　なお、銀行によっては、銀行取引約定書において、本号に該当する事由を請求喪失事由として規定していない銀行も存在するようです。その理由については、保証人の信用不安が直ちに取引先の信用不安に連動するとはいえず、保証人の信用不安が取引先自体の信用不安と同視できる場合（保

証人が中小企業の代表者や同族会社の代表者である場合等）には、5号の請求喪失事由に該当するはずであるから、保証人の信用悪化を類型的に請求喪失事由として規定する必要性が低いことによるとされています（三上・前掲166頁）（注4）。

　もっとも、本号の事由を請求喪失事由として規定している場合も、本号の事由が生じた場合に期限の利益を喪失させるためには結局は債権保全の客観的必要性が要求されるため、本号を請求喪失事由として規定しているか否かによって、実務対応に大きな違いは生じないものと考えられます。

⑥　5号について

　本号は、「債権保全を必要とする相当の事由」を請求喪失事由としています。本号の要件は抽象的であるため、取引先の信用度が相当低下し、融資債権を弁済期到来まで放置しておくことが社会通念上無理である場合のみ本号に該当するとして、制限的に解釈されています（鈴木編・前掲338頁〔鈴木＝山本〕）。

　本号の適用が検討される具体的な例としては、①大口取引先の倒産などで、取引先の体力からみて多額の売掛金の回収不能が生じ、または連鎖倒産の懸念が明らかな場合、②主力銀行が支援を打ち切った場合、③自行の担保ではない取引先の主要資産について差押えや競売手続が開始された場合、④他の債権者宛の大口の債務の延滞等の悪質な債務不履行が発生し、継続している場合、⑤役員間の内紛により業績が悪化し改善の目途が立たない場合、⑥主力施設が罹災する、主力商品に欠陥が判明する、または大規模な不祥事が発覚するなどして本業に甚大な影響が及ぶことが明らかな場合等が挙げられます（三上・前掲167頁）。

　銀行としては、これらの事由が生じた場合も、債権保全の客観的必要性が認められるかを慎重に検討する必要があります。

　また、本号については、「一応本号の事由に該当する場合でも、銀行は、通常、信義則上、まず4条1項による（増）担保等の請求により、その債権保全を図るべきであり、これらの手段が実効のないときにはじめて、本項による期限利益喪失形成権を行使しうる」という指摘もあるため（鈴木

編・前掲同頁〔鈴木＝山本〕）、銀行としては、債権保全の客観的必要性が認められるという場合に本号に基づき期限の利益を喪失させることを検討するにあたっては、４条１項に基づく（増）担保等の請求により債権保全を図ることができないかも検討することが望ましいと考えられます。

（3）　請　求

本項の「請求」（期限の利益を喪失させるという意思表示）は口頭で行うことも可能ですが、後日、取引先や管財人等との間で、そもそも銀行が請求を行ったか否か、また、いつその請求が到達したかについて紛争が生じる可能性があります。そこで、実務上は、請求を行う場合には、請求を行った事実および請求を行った時期を事後的に立証できるように、配達証明付内容証明郵便を利用することが一般的です。

また、理論的には、本項の「請求」の意思表示と、当該請求によって弁済期が到来する債務の履行の催告とは異なります（鈴木編・前掲同頁〔鈴木＝山本〕）。もっとも、実務上は、一通の書面に「後記の債務については本書面に基づく請求により期限の利益を喪失するため、直ちにこれをお支払ください」などと記載し、本項の「請求」と履行の催告をまとめて行うことが一般的です。

> （注４）なお、当該銀行では、保証人の信用不安に対応するために、銀行取引約定書において、保証人に当然喪失事由または請求喪失事由が発生した場合には、保証人の追加・差替えを請求できる旨を規定しているほか、保証人の信用不安が取引先の信用不安に直結する親会社保証の融資については、その専用の保証書を用意しているとのことである。

4　3項（みなし到達規定）について

本項は、いわゆるみなし到達規定と呼ばれる規定です。その趣旨や解釈等については、13条２項の解説を参照ください。

▌事例解説

Q1 ある日、X銀行に対し、貸付先であるA社に係る事業再生ADRについての一時停止通知が来ました。A社については、かねてより弁済が遅延しており、事業計画についても非常に甘い見通しのものしか出てこないなど、支払のめどが立つとはおよそいいがたい状況にありました。このような場合、X銀行は、A社について、当然失期状態にあるということはできるのでしょうか。

A1 事業再生ADRについての一時停止通知は、これを受けたというだけでは支払の停止には該当しないとされています。一方で、本事例のように、他の事情において、一時停止通知がなされなければ銀行取引約定書5条1項の支払の停止に該当しうるような場合について、一時停止通知があることをもって支払の停止に該当しないとされるかは不明ですので、慎重に検討しつつ、必要に応じて当然失期に該当するものとして取り扱うことも考えられます。

═══════ **解 説** ═══════

❶5条1項の「支払の停止」

支払の停止とは、支払不能（破産法2条11項において、債務者が、支払能力を欠くために、その債務のうち弁済期にあるものにつき、一般的かつ継続的に弁済することができない状態と定義されている）であることを明示的または黙示的に外部に表明する債務者の主観的な態度をいうと解されています。

本設問のように、貸付先からの一時停止通知が銀行に来た場合についても、取引先が支払できないことを書面で通知する行為として、支払の停止に当たりうる行為となります。

❷ 事業再生ADRについての一時停止通知

支払の停止の該当性について比較的近年に議論のあった事由として、事業再生ADRにおける一時停止通知が挙げられます。

事業再生ADRにおける通知が支払の停止に該当するかどうかについては、これを支払の停止に該当するとみなすべきではないという見解も見られますが、一般論として事業再生ADRの趣旨を尊重すべきことは当然であるとしても、個別的な事情のもとで支払停止に該当すると解すべき場合はありうるように思われるところです（詳細は前記68頁）。

❸ 本事例の場合

通知を受けたというだけでは支払の停止には該当しないのでしょうが、他の事情と併せるとやはり支払停止だ、というべきケースは上記見解も排除していないはずです。

本事例のように、他の事情において、一時停止通知がなされなければ銀行取引約定書5条1項の支払の停止に該当しうるような場合について、一時停止通知があることを以て支払の停止に該当しない、とされるかは不明ですので、慎重に検討しつつ、必要に応じて当然失期に該当するものとして取り扱うことも考えられます。

Q2　　X銀行の貸付先のA社については、以前から弁済自体はされているものの延滞しがちで、担当者に電話をかけてもつながらない状態にありました。先日、今後の弁済方針について相談をするために（電話がつながらないため）A社を直接往訪したところ、担当者が不在どころか、所在地の部屋に貸付先のA社とは異なる社名が掲げられていました。電話の回線がなくなった

わけではないようなのですが、所在不明として当然失期事由に
該当するものと判断してよいでしょうか。

A 2　　設例のようなケースであれば、所在不明として扱うことも考
えられます。この際、期限の利益の喪失後に貸付先から争われ
た際に所在不明に該当することを説明可能とするために、状況
についてまとめつつ、貸付先の所在地の写真や架電記録を残す
等、証跡を残すことが大切です。また、念のために、5条2項
の債権保全を必要とする相当の事由があることに基づく期限の
利益喪失の請求をすることも、あわせて検討するとよいでしょ
う。

=== **解　説** ===

❶ 所在不明とは

取引先はその信用状況が悪化すると、銀行に行方を知らせずに所在をく
らますケースも多いことから、取引先の背信的な所在不明が生じたときは、
銀行が直ちに権利を行使して速やかに取引関係に決着をつけることができ
るようにすることが本号の趣旨であると説明されています（全国銀行協会
連合会法規小委員会・前掲84頁）。

もっとも、所在不明により期限の利益が当然に喪失するとしても、所在
不明がいつ生じたのかは不明であることが多いため、銀行にとっては消滅
時効の起算点が不明確になるというデメリットも指摘されています。

そのため、所在不明はあえて当然喪失事由から除外したうえで、2項の
請求喪失条項に係る請求が取引先の帰責事由により延着し、または到着し
なかった場合には通常到達すべき時に期限の利益が失われたものとする規
定（みなし到達規定）を置き、所在不明の場合はあくまでも請求喪失事由
が発生したことを前提として、かかる請求の不到達等をもって期限の利益

が喪失したものとする銀行も存するようです（前掲注3）。

　他の銀行においても、旧ひな型の5条3項に相当する位置に、みなし到達規定を置く例が多いが、所在不明を当然喪失事由とする規定は維持しているようです（天野監修・前掲252頁〔安東〕以下に添付された3メガバンクの銀行取引約定書参照）。

Q3　X銀行は、貸付先であるA社について、在庫を不正に水増しする粉飾決算を行っているのではないかという疑いが生じたため、A社に対し、帳簿上の在庫が実際に存在することを裏付ける資料を提出するよう求めましたが、A社はこれを拒絶しています。X銀行は、かかる事由が銀行取引約定書5条2項3号の請求失期事由に該当するとして、A社について期限の利益を喪失させることができるでしょうか。

A3　個別事情によっては、銀行取引約定書5条2項3号に基づき期限の利益を喪失させることができる可能性はあると考えられます。銀行としては、可能であれば、粉飾決算の疑いを基礎付ける事実をA社に示したうえで、A社に対し資料の提出を拒絶する理由を確認し、それでもなおA社が合理的な理由なく資料の提出を拒絶するようであれば、本号に基づき期限の利益を喪失させることを検討することが考えられます。

--- **解　説** ---

　銀行取引約定書5条2項3号は、同項1号の金銭債務の不履行以外で取引先に銀行との約定に違反する事実があった場合を請求喪失事由として規定しています。

　この点、取引先は、財産、経営、業況等について銀行からの請求があったときは、遅滞なく報告し、また調査に必要な便益を提供する義務を負い

ます（銀行取引約定書14条2項）。

そこで、X銀行としては、A社に対し帳簿上の在庫が実際に存在することを裏付ける資料を提出するよう求めたにもかかわらず、A社がこれを拒絶していることが銀行取引約定書14条2項に定める義務に違反し、銀行取引約定書5条2項3号の請求失期事由に該当すると主張することが考えられます。

もっとも、軽微な義務違反の場合には債権保全の客観的必要性が認められない可能性があるため、銀行としては、可能であれば、粉飾決算の疑いを基礎付ける事実をA社に示したうえで、A社に対し資料の提出を拒絶する理由を確認し、それでもなおA社が合理的な理由なく資料の提出を拒絶するようであれば、本号に基づき期限の利益を喪失させることを検討することが考えられます。

なお、取引先は、銀行に対し、貸借対照表、損益計算書等の取引先の財産、経営、業況等を示す書類を、定期的に提出する義務を負っています（銀行取引約定書14条1項）。

したがって、仮にA社に対する調査の結果、A社が過去に銀行に提出したこれらの書類の内容が虚偽であったことが明らかとなった場合、X銀行としては、銀行取引約定書14条1項違反を理由として、銀行取引約定書5条2項3号に基づき期限の利益を喪失させることを検討することが考えられます。

Q4 SNS上で、X銀行の貸付先である食品メーカーのA社について、「A社の主力商品Eに異物が混入しており、Eを食べた多くの人が病院に運ばれたようだ。このままいくとA社は倒産するに違いない」とのうわさが広がっています。X銀行は、かかる事由が銀行取引約定書5条2項5号の請求失期事由に該当するとして、A社について期限の利益を喪失させることができるでしょうか。

A 4　個別事情によっては、銀行取引約定書5条2項5号に基づき期限の利益を喪失させることができる可能性はあると考えられます。銀行としては、まずは、Eに異物が混入しており、これを食べた多くの人の健康に被害が生じことについて報道等がなされているかを確認するとともに、場合によってはA社に事実関係を確認したうえで、本件混入が事実であることや本件混入についての報道等がなされていることが確認できた場合には、これがA社の経営に及ぼす影響、A社に対する債権保全の状況等を踏まえて、「債権保全を必要とする相当の事由」の該当性を検討し、期限の利益の喪失の可否を判断すべきであると考えられます。

=== **解　説** ===

　銀行取引約定書5条2項5号は、「債権保全を必要とする相当の事由」を請求喪失事由として定めています。そして、本号の要件は抽象的であるため、「債権保全を必要とする相当の事由」とは、取引先の信用度が相当低下し、融資債権を弁済期到来まで放置しておくことが社会通念上無理である場合を指すと限定的に解釈されています。

　そこで、本件がかかる場合に該当するかが問題となります。

　この点に関して参考になる裁判例として、東京地裁平成19年3月29日判決（金融・商事判例1279号48頁）が挙げられます。当該裁判例では、建設会社である甲が設計・施工した物件に耐震偽装の疑いがあるという趣旨の新聞報道および国土交通省のホームページによる公表がなされたため、甲に貸付を行っていた銀行が銀行取引約定書5条2項5号に基づき甲の期限の利益を喪失させる通知を行ったという事案において、同号の「債権保全を必要とする相当の事由」が生じていたといえるかが問題となりました。

　当該裁判例は、①甲が将来的に建設工事を受注することができることが銀行の甲に対する信用供与の前提であったこと、②当該新聞報道およびイ

ンターネット情報は、（甲は耐震偽造問題への関与を否定しているものの）甲が耐震偽装問題に関与していたことを疑わせるものであり、銀行において、当該新聞報道およびインターネット情報を受け、甲は、新規受注を得ることができず、継続中の工事等についても中断、代金支払の留保、解約がなされる可能性が強く、また、甲が施工等を行っている物件について損害賠償請求がなされる可能性があったと判断することもやむをえなかったこと、③甲は、施工した物件に耐震偽装の疑いのある物件が含まれているにもかかわらず、銀行取引約定書に違反してこれを銀行に報告しなかったのであり、これは銀行の甲に対する信用を失わせるものであったことを理由として、「債権保全を必要とする相当の事由」が生じていたと判示しました。

　本事例でも、（a）Ｅに異物が混入しており、これを食べた多くの人の健康に被害が生じこと（以下「本件混入」という）について報道や行政庁による公表がなされているという事情がある場合、（b）本件混入が生じたこと、または本件混入についての報道等がなされたことにより、Ａ社が今後商品の販売を行うことが困難となる可能性が高いといった事情や、Ａ社が多額の損害賠償責任を負う可能性が高いといった事情がある場合、（c）Ｘ銀行がＡ社に対する貸付について十分な担保を有していないという事情がある場合、（d）Ａ社がＸ銀行に対し本件混入を報告していないという事情がある場合には、これらの事情は「債権保全を必要とする相当の事由」の該当性を肯定する方向に働くと考えられます。

　もっとも、本件混入について、報道や行政庁による公表等がなされておらず、単にSNS上でうわさとなっているにすぎない場合には、単なるデマであり、Ａ社の経営について重大な悪影響は生じない可能性もあると思われます。

　そこで、Ｘ銀行としては、本件混入がSNS上でうわさとなっている場合、まずは報道や行政庁による公表等の有無を確認し、また、場合によってはＡ社に事実関係を確認することが望ましいと考えられます。

　そして、本件混入が事実であることや本件混入についての報道等がなさ

れていることが確認できた場合には、これがA社の経営に及ぼす影響、A
社に対する債権保全の状況等を踏まえて、「債権保全を必要とする相当の
事由」の該当性を検討し、期限の利益の喪失の可否を判断すべきであると
考えられます。

① 甲が乙からの手形または電子記録債権の割引を受けた場合、甲について前条第1項各号の事由が1つでも生じたときは全部の手形および電子記録債権について、甲は乙から通知催告等がなくても、当然手形面記載の金額または電子記録債権の債権額の買戻債務を負い、直ちに弁済するものとします。また、手形もしくは電子記録債権の主債務者が期日に支払わなかったとき、もしくは手形の主債務者について第5条第1項各号の事由が1つでも生じたときは、その者が主債務者となっている手形または電子記録債権についても同様とします。

② 割引手形または割引電子記録債権について乙の債権保全を必要とする相当の事由が生じた場合には、前項以外のときでも、甲は乙の請求によって手形面記載の金額または電子記録債権の債権額の買戻債務を負担し、直ちに弁済するものとします。なお、前条第3項の事由によりこの請求が延着または到着しなかった場合には、通常到達すべき時に甲は買戻債務を負うものとします。

③ 甲が前2項による債務を履行するまでは、乙は手形所持人または電子記録債権の債権者としていっさいの権利を行使することができます。

④ 甲が第1項または第2項により割引電子記録債権の買戻債務を履行した場合には、乙は、遅滞なく、当該割引電子記録債権について甲を譲受人とする譲渡記録（乙を電子記録保証人とする譲渡保証記録を付さないものとします。）を電子債権記録機関に対して請求し、または、乙を譲受人とする譲渡記録を削除する旨の変更記録を電子債権記録機関に請求するものとします。ただし、電子債権記録機関が電子記録の請求を制限する期間は、この限りではありません。

1 割引手形の買戻し

（1） 本条の制定経緯

本条制定以前は、銀行は、手形割引の法的性質を（手形の振出人ではなく）取引先である割引依頼人の信用に基づく手形貸付の一種として、消費貸借契約と捉えていました。かかる解釈に基づき、わざわざ本条を制定しなくとも、前条の期限の利益喪失条項の適用を当然に受けるものと考えていました。

　つまり、割引依頼人について、5条記載の事由が生ずると、割引依頼人は、当然にまたは請求によって手形面記載の金額の買戻債務を負うとし、銀行は割引依頼人に直ちに弁済を求めることができる（相殺による回収ができる）ものと考えていました。

　もっとも、判例（京都地判昭和32・12・11判例時報137号8頁）を契機に、手形割引の法的性質は売買契約であることを前提に（消費貸借契約ではないため、5条の期限の利益喪失条項の適用を当然には受けないものと考え）、割引を受けた手形の買戻請求権を預金と相殺できるようにすべく、新たにこの条項が制定されたとされています。

　仮に、手形の買戻請求権につき、前条の期限の利益喪失条項の適用がなく、かつ本条による手当てもない場合、銀行にとっていかなる不都合が生じるかを以下記載します。

　銀行が割り引いた手形が不渡りになった場合、銀行は、手形法上の遡求権（注1）しか行使できません。遡求権を行使するためには、原則、支払呈示期間内に支払が拒絶され、支払拒絶証書が作成される必要があります（手形法43条前段・44条1項。もっとも、統一手形用紙では拒絶証書不要の取扱いとしている）。

　例外的に、満期前に遡求権の行使を行う場面としては、①引受の全部または一部の拒絶がある場合、②引受人、支払人が破産手続の開始決定を受けた場合（なお、明文がないものの、民事再生手続・会社更生手続の開始決定も含まれていると解されている）、③引受人、支払人が支払停止の場合、またはその財産に対する強制執行が功を奏しない場合、④引受呈示を禁止した手形の振出人が破産手続の開始決定を受けた場合（同法43条後段各号）に限定されています（以上の規定は為替手形を前提にしているが、

同法77条１項４号により、約束手形も同様の適用を受ける）。

　また、銀行が手形債権と預金債権を相殺する場合、手形を相手方に呈示・交付することが効力発生要件とされています。

　以上のように、手形法上の遡求権を行使できる場面はかなり狭いものとなっています。権利行使の場面が限定的であるため、割引依頼人の信用不安発生時、容易に預金債権と相殺できないという不都合があります。

　そこで本条は、手形割引＝売買契約であることを前提に、割引依頼人との間で、買戻請求権を手形外の権利としての特約としています。

　なお、判例は、買戻代金の支払と手形の返還は同時履行の関係にあるとしており（最判昭和50・９・25　民集29巻８号1287頁、金融・商事判例479号７頁）、買戻請求権を自働債権として相殺する場合は債務者（割引依頼人）に対して手形を呈示・交付しなければなりません。

　そこで、銀行が円滑に相殺できるようにすべく、９条１項によって同時履行の抗弁権を放棄させています（注２）。

（２）　１項（５条１項各号の事由が生じた場合）の意義

　本項は、取引先に対して手形割引を実行している場合、取引先である割引依頼人について５条の期限の利益の当然喪失事由の１つでも生じたときには、割引をしている全部の手形について、取引先（割引依頼人）は、銀行の通知なく手形額面記載の金額の買戻債務を負い、直ちに弁済する旨規定しています。

　また、取引先（割引依頼人）は、手形の主債務者（約束手形の場合の振出人、為替手形の場合は引受人）について期限の利益の当然喪失事由が１つでも生じたとき、その者が手形支払人となっている割引手形の全部について、銀行の通知なく、手形額面記載の金額の買戻債務を負い、直ちに弁済する旨も規定しています。

（３）　割引依頼人の保証人の預金に対する差押え

　割引依頼人の保証人の預金につき、第三者から差押えがされたとき、５

条1項3号の期限の利益の当然喪失事由となり、文言上、割引手形の買戻請求権も当然発生することになります。つまり、保証人の預金に差押命令が発送された場合も割引依頼人は当然に買戻債務を負うことになり、銀行は買戻請求権と割引依頼人の預金との相殺が可能になります。

もっとも、保証人の預金についての差押えが、直ちに割引依頼人の信用悪化に結び付くことにはならず、このような場合にも失期（買戻請求権の発生）することは、通常、相手方は予期していないため、制限的に解して2項の請求失期事由に該当する旨の見解があります（石井眞司『新銀行取引約定書の解説』58頁、大平正『第二版　銀行取引約定書Ｑ＆Ａ　統一ひな型廃止に取引先への説明ポイントを収載』181頁、堀内仁＝鈴木正和＝石井眞司監修『改正銀行取引約定書　逐条解説と210の事例研究』112頁）（割引依頼人の信用悪化の兆候がないにもかかわらず、相殺を行うことは、相殺権の濫用的行使となりうる）。

（4）　手形の主債務者の倒産手続開始

手形の振出人・引受人である手形の主債務者が（手形の割引をした）銀行の取引先ではない場合であっても、5条1項の破産開始決定手続の開始等、期限の利益の当然喪失事由が生じたときは、割引依頼人への買戻請求権が、銀行の当該事実の認識の有無、およびその意図にかかわらず発生することになります。

手形の主債務者が自行の取引先ではない場合、手形の主債務者としては、手形の受取人等が当該手形をどのように処分しているか把握しておらず、銀行自身も手形の主債務者の債権者になっているか知らない場合があります（手形割引をした銀行に対して破産手続開始通知書等が送付されないこともある）。かかる場合、当該買戻請求権の時効管理も含め対応が必要になります。

また、前述のとおり、本条の規定がなくても銀行は手形法上の権利行使ができるので、銀行は手形債権者として倒産手続に参加し、裁判所に対して手形債権の届出をすることができます。

（5） 根抵当権の元本確定と買戻請求権の先後関係

　銀行が手形割引をし、その後、具体的な買戻請求権が発生していない状態で、割引依頼人が銀行のために設定した根抵当権の元本が確定した場合、本条の適用により（元本確定後に発生した）買戻請求権が当該根抵当権の被担保債権になるか論点となりえます（注3）。

　かかる点については、手形割引という買戻請求権発生の原因が確定前に生じていることから、当該買戻請求権は根抵当権の被担保債権になると解されています（大平正『融資実務の基本がよくわかる　銀行取引約定書の読み方』86頁）。

　したがって、根抵当権の元本の確定までに買戻請求権を具体的に発生させておく必要はないとされています。

（6） 買戻代金額

　同条によって買戻債務を負担する割引依頼人は、「手形面記載の金額」の弁済をすることになります。

　もっとも、満期日前の買戻しの場合、買戻しの翌日から満期日までの割引料を手形金額から控除して支払うことが一般的です。満期日後は満期日後の遅延損害金を当該手形金額に加算して支払うことになります。

（7） 倒産手続における相殺禁止

　自働債権たる割引手形の買戻請求権は、（買戻請求権行使により）はじめて発生しますが、その基礎は手形割引契約時にあります。したがって、倒産手続における相殺禁止の例外事由である「前に生じた原因」に該当します（破産法72条2項2号、民事再生法93条の2第2項2号等）（参考判例として最判昭和40・11・2民集19巻8号1927頁）。

　また、本条1項の当然失期事由に該当する場合（割引依頼人の支払停止等）、銀行の主観にかかわらず当然に買戻請求権が発生します。したがって、危機時期であることを知ったうえで取得した債権を自働債権として相

殺しても、倒産手続下における債権者の公平・平等を害するとして禁ずる旨の各倒産法上の相殺禁止事由（破産法72条1項2～4号、民事再生法93条の2第1項2～4号等）に該当しないとされています。

（8）　2項（5条2項各号の事由が生じた場合）の意義

本項は、銀行が取引先に対して手形割引を実施している場合、割引依頼人に期限の利益の請求失期事由の1つでも生じたときは、割引をしている全部の手形について、銀行の請求によって割引依頼人は手形面記載の金額の買戻債務を負い、直ちに弁済する旨を規定しています。つまり、6条2項に該当する場合には、銀行側から割引依頼人に対して請求してはじめて割引依頼人は買戻債務を負担することになります。

なお、中間裏書人といった割引手形の主債務者以外の者の信用状態悪化も、連鎖倒産等の懸念がある場合、手形の債権保全上の必要性があるとして、本条2項に基づいて買戻請求権を行使できます（もちろん、債権保全の必要性の判断にあたっては、銀行の恣意に陥らないよう客観的・合理的でなければならない）。

（9）　3項（手形所持人としての権利行使）の意義

本項は、割引依頼人が割引手形の買戻債務を負担した後、当該履行をするまでの間、銀行は手形所持人としての権利を行使できることを注意的に規定したものです。銀行は、割引依頼人から買戻代金の提供を受けるまでは手形の返却を拒むことができます（同時履行の抗弁権）。

また、銀行は、手形を所持している間、振出人である手形の主債務者に対して、手形を呈示して支払を求めることができ、前述のとおり、遡求権の行使等の手形債権を行使できます。

手形支払人が自行に預金を有している場合には、銀行は当該預金と手形債権を相殺することも可能です（注4）。そして、振出人である手形の主債務者等から一部の支払を受けた場合、当該代わり金を取引先たる割引依頼人の買戻債務に充当できます。

（注1）手形法上の遡求権とは、手形所持人が満期日に支払人から支払を拒絶され、手形金額の弁済が受けられない場合に、自己への裏書人に限らず、その他の裏書人またはそれら裏書人の手形保証人に対して手形金額を請求し、満期に支払われたのと同じ経済的効果を生むことができるようにする手形上の権利をいう。

（注2）手形の割引ではなく、手形の取立の場面における銀行の債権回収方法（倒産手続下における商事留置権の成立、弁済充当の可否等が論点になりうる）については4条の解説を参照。

（注3）根抵当権は、不特定の債権を極度額の限度で担保するためのものであるが、根抵当権の元本が確定すると、確定した時に存在する特定の債権のみを担保する根抵当権に性質が変わる。元本確定後に具体的に発生した買戻請求権が根抵当権によって当然に担保されないとすると、根抵当権が設定してある不動産に滞納処分による差押えがなされたような場合に、銀行がそのことを知った時から2週間を経過すると根抵当権は確定することになる（民法398条の20第1項4号）。このため、確定前に割引依頼人に請求をして具体的に買戻請求権を発生させる必要がある。

（注4）つまり、手形が不渡りになったとしても自行は手形支払人の預金と相殺することで債権を回収し、自行の取引先は手形の割引によって自らの債権の回収ができる。もっとも、かかる方法は、取引先である割引依頼人を保護するあまり、手形支払人の他の債権者との間では不公平な結果を発生させやすく、トラブルの原因になることが多い。そこで、割引手形が不渡りになった場合は、一次的には割引依頼人に対して買戻請求権を行使することが望ましいという考えがある（天野佳洋監修『銀行取引約定書の解釈と実務』150頁〔安東克正〕）。

2 電子記録債権の買戻し

（1）　電子記録債権とは

　電子記録債権とは、その発生または譲渡について電子記録債権法の規定による電子記録（電子債権記録機関の記録原簿への電子記録）を要件とす

る金銭債権をいいます。電子債権記録機関としては現在5社（注5）が指定されています。

また、現在、全国規模で取引対象となっている電子記録債権は、でんさいネットの記録原簿に記録した電子記録債権（以下「でんさい」という）が大宗です（注6）。

でんさいの発生登録・譲渡・支払等には、事業会社の取引金融機関が窓口金融機関となり、でんさいネットを利用させるサービス利用契約締結が必要です（つまり、支払企業・納入企業がでんさいネットを利用する必要がある。でんさいのしくみについてhttps://www.densai.net/about参照）。

手形と比べ、電子記録債権は、①印紙代がかからない、②紙ではないため保管コストが削減できる、紛失リスク削減が見込まれる、③債権の一部を譲渡可能といった特徴があります。

手形同様、電子記録債権の割引（売買）も可能であり、各銀行が独自に制定する銀行取引約定書には割引手形の買戻しに関する規定に加え、割引電子記録債権にも手形同様に買戻請求権を発生させて相殺等回収を図れるように手当てされているのが通常です（注7）。

（2）　電子記録債権の特徴を鑑みた条項

前述のとおり、電子記録債権は手形同様、買戻請求の対象ですが、記録といった電子記録債権特有の手続を要することから、かかる特徴に鑑みた規定を銀行取引約定書または、別途、電子記録債権の割引に関する基本契約上に規定する必要があります。

条項については、同条1項、2項に割引電子記録債権の買戻しの規定を盛り込んだことを前提に、銀行取引約定書上に記載する場合の一例です。

（3）　4項本文について

電子記録債権を割引する時は、銀行は譲受人として譲渡記録を受けています。電子記録債権がでんさいである場合、割引依頼人が当該電子記録債権の買戻債務を履行した後、銀行は、割引依頼人を譲受人とした譲渡記録

（または当初金融機関を譲受人とする譲渡記録を削除する旨の変更記録）をでんさいネットに対して請求する必要があります。そこで、本文にその旨を注意的に規定しています。

　また、でんさいを譲渡する場合、通常、譲渡保証記録がセットで付されています。かかる記録がされている場合、でんさいの債務者（支払人）が支払不能になったときには、保証記録が付されている中間支払人に対して、電子記録保証人として遡求することが可能となります。

　本条項においては、割引依頼人が、でんさいの買戻債務履行後、銀行が譲渡記録をでんさいネットに請求する場合、銀行は事後的に遡求されることを避けるべく、あらかじめそのような保証をしない旨規定しています。

（4）　4項ただし書について

　当該ただし書は、主にでんさいネットが銀行からの電子債権記録の請求を制限する期間を設けていることに鑑みた規定です。具体的には、譲渡や分割譲渡の記録請求は対象となるでんさいの支払期日の（でんさいの支払期日が近づくと、支払準備をするため）7銀行営業日前までに行う必要があります（でんさいネットHP（https://www.densai.net/faq）参照）。

　　（注5）令和3年4月21日時点において、三菱UFJ銀行が100％出資する「日本電子債権機構株式会社（JEMCO）」、三井住友銀行が100％出資する「SMBC電子債権記録株式会社」、みずほ銀行が100％出資する「みずほ電子債権記録株式会社」、全国銀行協会が100％出資する「株式会社全銀電子債権ネットワーク（でんさいネット）」、FintechベンチャーのTranzaxが100％出資する「Tranzax電子債権株式会社」の5社が挙げられる（https://www.fsa.go.jp/menkyo/menkyoj/denshisaiken.pdf）。

　　（注6）でんさいネットではなく、自行の電子記録債権サービス基盤を用いて期日前資金化のサービス（債権者が有する売掛債権をファクタリング会社に譲渡し、所定の支払期日前に現金化するサービス）を提供したり、取引先に対して有する自行の債権（シンジケートローン債権等）につき、自行の電子債権記録機関を用いて

電子記録債権化することで、より流動性をもたせる商品も存在する（例：三井住友銀行による支払手形削減サービス（https://www.smbc.co.jp/hojin/denshisaiken/ikkatu/）、みずほ銀行によるシンジケートローンの電子記録債権化サービス（https://www.mizuhobank.co.jp/corporate/finance/syndicate/topics2.html））。

（注7）新たに銀行取引約定書に割引電子記録債権の買戻しの規定を盛り込む以外にも、別途、銀行取引約定書の適用があることを前提に、電子記録債権（または、でんさいに限定）を割り引く際の取り決めを定めたでんさい割引約定書を締結する銀行も存在する（一方で、銀行取引約定書にも割引電子記録債権の買戻しの規定を加えつつ、でんさいの割引に関する基本契約書を締結する銀行も存在する）。当該割引約定書では通常、銀行取引約定書の各条項の他、割引の効力発生日や、銀行の免責規定等、より詳細な規定が盛り込まれている。

▌事例解説

Q X銀行は、銀行取引約定書締結済みの取引先A社から、B社振出人の手形の割引をしています。どのような場合にA社について期限の利益が喪失し、手形を買い戻すよう請求できるのでしょうか。

A A社について銀行取引約定書上の期限の利益の喪失事由が生じた場合、A社に対して手形を買い戻すよう請求できます。また、A社のみならず、B社について期限の利益の当然喪失事由が生じた場合、その者が手形支払人となっている割引手形の全部について、X銀行の通知なくA社に対して手形を買い戻すよう請求できます。

━━━━━━━━━━━━━━ 解 説 ━━━━━━━━━━━━━━

　X銀行は、A社に対して手形割引を実行している場合、銀行取引約定書上、A社（割引依頼人）について5条の期限の利益喪失事由が生じたときには、割引をしている全部の手形について、取引先A社（割引依頼人）は当然に、または銀行の請求によって手形額面記載の金額の買戻債務を負い、弁済することになります。

　また、A社（割引依頼人）は、手形の主債務者であるB社（振出人）について期限の利益当然喪失事由が1つでも生じたとき、その者が手形支払人となっている割引手形の全部について、銀行の通知なく手形額面記載の金額の買戻債務を負い、直ちに弁済する旨も規定しています。

　B社（振出人）について期限の利益の当然喪失事由が生じた場合の例として、B社（振出人）が（手形の割引をした）銀行の取引先ではない場合であっても、5条1項の破産開始決定手続が開始したときは、A社に対する買戻請求権が、銀行の当該事実の認識の有無およびその意図にかかわらず発生することになります。

　手形の主債務者が自行の取引先ではない場合、手形の主債務者としては、受取人などが当該手形をどのように処分しているか把握しておらず、銀行自身も手形の主債務者の債権者になっているか知らない場合があります（手形割引をした銀行に対して破産手続開始通知書等が送付されないこともある）。かかる場合、当該買戻請求権の時効管理も含め対応が必要になります。

　なお、銀行によっては銀行取引約定書上に、割引電子記録債権の買戻しについても規定されており、手形と異なり、記録といった電子記録債権特有の手続に鑑みた規定がされています。

第7条（相殺、払戻充当）

① 期限の到来、期限の利益の喪失、買戻債務の発生、求償債務の発生その他の事由によって、甲が乙に対する債務を履行しなければならない場合には、乙は、その債務と甲の預金その他の乙に対する債権とを、その債権の期限のいかんにかかわらず、いつでも相殺することができるものとします。

② 前項の相殺ができる場合には、乙は事前の通知および所定の手続を省略し、甲に代わり諸預け金の払戻しを受け、債務の弁済に充当することもできるものとします。この場合、乙は甲に対して充当した結果を通知するものとします。

③ 前2項によって乙が相殺または払戻充当（以下「相殺等」といいます。）を行う場合、甲乙間の債権債務の利息、割引料、清算金、違約金、損害金等の計算については、その期間を乙による計算実行の日までとします。また、利率、料率等について甲乙間に別の定めがない場合には、乙が合理的な方法により定めるものとします。

④ 本条の相殺等において外国為替相場を参照する必要がある場合、乙が相殺等を行う時点の相場を適用するものとします。

1 差引計算の意義

本条は、旧ひな型7条（差引計算）に相当する条文です。旧ひな型7条の見出しである「差引計算」とは、自己の債権・債務を消滅させる行為を意味します。これは、法律用語ではなく銀行実務の慣用語であり、①民法の規定に基づく法定相殺、②銀行と融資先間の相殺予約による約定相殺、③融資先の預金を銀行が代理人となり払い戻したうえで、銀行の融資債権に充当する払戻充当の3つからなる概念です（大平正『第二版　銀行取引約定書Q＆A』189頁）。

なお、銀行が、担保物を現金化し、これをいったん別段預金の形で留保しておき、後に融資債権の弁済に充当することも、形式的には一種の差引

計算です。しかし、この場合には、担保物が現金化された時点で弁済が終了しており、銀行の内部事務処理の都合から、帳簿上は、直ちに融資債権が消滅した形をとらずに、取引先の名義を付した預金の形をしているにすぎないと解されています（かかる別段預金は、取引先の債権として実在するものではない）。よって、本条の問題と考えるべきではありません（鈴木禄弥編『新版注釈民法（17）債権（8）』325・355頁〔鈴木禄弥＝山本豊〕）。

　旧ひな型の廃止後、各銀行は、本条に相当する規定の見出しとして、「差引計算」との用語を使用しない傾向にあります（たとえば、「乙による相殺、払戻充当」、「相殺、払戻充当」、および「乙による相殺等」等といった見出しを採用する例がみられる）。「差引計算」との用語は一般にはなじみがない表現ですから、かかる傾向は妥当でしょう。

2　本条の構成

　本条は、銀行から行う相殺（1項）および払戻充当（2項）ならびにそれらの場合の利息等の計算方法等（3項）を規定します。取引先から行う相殺（逆相殺）は、8条において規定しています。

3　1項（相殺）について

（1）　本項の意義

　本項は、取引先の債務が弁済期にある場合には、取引先の債権の弁済期が到来していなくとも、銀行はかかる債権債務の相殺を行うことができる旨定めています（相殺予約）。

　民法所定の要件に基づく法定相殺であっても、自働債権さえ弁済期にあれば、受働債権の弁済期は未到来でも、期限の利益を放棄して相殺可能であり（民法136条2項）、本項は、かかる原則を確認したにすぎません（鈴

木編・前掲357頁〔鈴木＝山本〕）。

　本項の適用がある典型例は、銀行が取引先に対して有する融資債権を自働債権、取引先が銀行に対して有する預金債権を受働債権とする相殺です。

（2）　5 条 1 項との関係

　銀行取引約定書の期限の利益の喪失条項には、取引先またはその保証人の預金その他銀行に対する債権について仮差押え、保全差押えまたは差押えの命令、通知が発送されたときには、取引先は銀行に対するいっさいの債務について当然に期限の利益を喪失することになる旨の規定が存在します（5 条 1 項 3 号）。

　したがって、差押命令が銀行（第三債務者）に送達された時点（＝差押えの効力が生じた時点、民事執行法145条 4 項）では、すでに取引先の銀行に対するいっさいの債務は期限の利益を喪失していることになり、差押命令が送達されるのは、常に銀行にとっての自働債権の弁済期が到来した後ということになります。

　このように、5 条 1 項（自働債権についての期限の利益喪失約款）と 7 条 1 項（銀行側からする受働債権の弁済期のいかんにかかわらない相殺予約）は、結合的に適用される関係にあります。

（3）　判例による相殺の担保的機能の保護

　判例上、相殺予約の効力は、取引先の差押債権者等の第三者に対しても効力を有するとされており（最判昭和45・6・24民集24巻 6 号587頁、金融・商事判例215号 2 頁）、銀行の相殺による債権回収への期待は、合理的なものとして手厚く保護されています（相殺の担保的機能）。

（4）　相殺の意思表示

　民法上の相殺（法定相殺）は、「意思表示によってする」ことを要件としており（民法506条 1 項）、この点は 7 条 1 項に基づく相殺（約定相殺）であっても変わりません。一定の事由が発生した場合に、意思表示をまた

ずに、当然に相殺の効力が発生する旨の合意（停止条件付相殺の合意）は、本項には含まれていません。

　銀行は、本項に基づく相殺を行う場合、相殺による勘定処理（預金の解約・払戻しと融資金への内入処理）のほかに、相殺通知を出状することになります（鈴木編・前掲356頁〔鈴木＝山本〕）。

　民法上相殺の意思表示は、口頭で行うことも可能ですが、実務上は後日の確実な証明のために、配達証明付内容証明郵便で行うのが一般的です。

4　2項（払戻充当）について

（1）　本項の意義

　本項は前項に基づく相殺が可能である場合には、別途、払戻充当の方法による債権回収が可能であることを規定しています。

　払戻充当とは、銀行が取引先に代わって預金等の払戻しを受けて、それをもって取引先の銀行に対する債務の弁済に充当することを意味します。すなわち、払戻充当の局面において、銀行は、取引先の代理人、取引先から預金の払戻しを請求され、債務の弁済を受ける者という2つの地位を有することになります。

　このように同一の法律行為について相手方（この場合は取引先）の代理人となる行為は、民法108条本文で禁止された自己契約に該当しうるところ、「本人」である取引先の「許諾」があるため、同条ただし書に該当し法的な問題はないと整理できます（天野佳洋監修『銀行取引約定書の解釈と実務』170頁〔安東克正〕）。

（2）　1項（相殺）との比較

　本項（払戻充当）による利点の1つは、前項（相殺）の場合とは異なり、事前に取引先に対して意思表示を行う必要がないため、債権回収を簡易迅速に図れる点にあります。

一方で、払戻充当の方法による場合、銀行は、本項に基づき取引先から委任または準委任を受けている受任者としての法的地位にあるため、事務処理が終了した段階で取引先（委任者）に対してその経過および結果を報告する義務を負います（民法645条）。報告の内容としては、少なくとも払い戻した預金の明細と、これを弁済充当した貸出金の明細とを記載することになります。旧ひな型の廃止後、かかる義務を銀行取引約定書の内容として織り込む例が多くみられますが、民法の原則を確認する旨の規定といえます。

　払戻充当は、次の２点で相殺よりも銀行に不利であるとの問題があります。

　第１に、払戻充当の行為主体は取引先であるところ、取引先が倒産手続に至るような危機時期において払戻充当を行った場合、倒産手続開始後に各種倒産法が規定する否認の対象となるリスクを抱えることになります。

　第２に、取引先が差押えを受ける等して預金債権の処分を禁止されている場合や法的整理手続によって管理・処分権を失っている場合、取引先を代理して払戻充当を行うことはできません。

　上記２つの問題点が存在することからすれば、払戻充当ではなく、相殺により処理した方が確実である場面が多いと考えられます。

　一方で、たとえば、取引先が行方不明である等の理由で相殺通知が届かない事情がある場合には、払戻充当の方法によることも検討すべきです（この場合であっても、上記２つの問題点は考慮する必要がある）。かかる場合には、銀行は、事務処理が終了した後の報告義務（同法645条）を履行することができないことになりますが、当該不履行につき銀行の帰責性が認められず、債務不履行を構成しない場合も多いのではないでしょうか。

5　3項（利息等の計算方法等）について

（1）　本項の意義

　民法506条2項は、相殺の意思表示は「双方の債務が互いに相殺に適するようになった時にさかのぼってその効力を生ずる」（相殺の遡及効）としており、利息・遅延損害金の計算の基準日は、相殺適状に至った日となるのが原則です。

　しかし、いつが相殺適状に至った日であるかは必ずしも明確ではなく、銀行が相殺を行う際、その都度これを確認しなければならないとすれば、銀行は煩雑な事務処理を抱えることになります。そこで、本項は、「計算実行の日」を基準とすることをあらかじめ規定することで、上記の不都合を回避しています。

（2）　「計算実行の日」の意義

　本項にいう「計算実行の日」とは、銀行が本条1項または2項の手続をした日のことを指すところ（鈴木編・前掲359頁〔鈴木＝山本〕）、相殺による場合には、相殺通知の到達日ではなく、相殺通知を発信し、帳簿上の処理を行った日がこれに該当します。これに対し、払戻充当による場合には、帳簿上の振替記帳処理を行った日ということになります。

（3）　銀行が作為的に帳簿処理日を遅らせる可能性

　預金の金利よりも貸金の遅延損害金の利率の方が高いことが通常であるところ、理論上、銀行が作為的に帳簿処理日を遅らせることで取引先の利益が害される可能性が存在します。

　具体的には、銀行としては、取引先に対して有する融資債権と、取引先が銀行に対して有する預金債権とが相殺適状に至った後、相殺に係る帳簿処理を先延ばしにすることで、融資債権の遅延損害金と預金利息の差額をより多く利得しようとするのではとの懸念があります（鈴木編・前掲359

頁〔鈴木＝山本〕）。

　この点、信用組合取引に関し、相殺適状時から著しく遅滞してなされた相殺の意思表示は、信用組合取引約定書に基づく相殺の意思表示（相殺実行の日が計算の基準日となる）ということができず、民法の規定による相殺（相殺適状に至った日が計算の基準日となる）の意思表示と解すべきとの裁判例（高松高判平成4・3・31金融法務事情1345号25頁）が存在します。時機に遅れた約定相殺は制限されることに留意が必要です。

　同裁判例は次のとおり判示しています（下線は筆者）。

　「相殺の対象となる複数の自働債権、受働債務の各弁済期が時期的に若干相違することが多く利息、遅延損害金の計算が煩雑になるのを避けるために、それらの差引計算の日を同一にし計算を簡略にする必要上右約定がされたもので、その限度で民法の遡及効を排除する特約であり、各弁済期の相違としてその約定による処理を相当とする期間は右趣旨から観て相殺適状時後の短期間であり、著しく遅滞した時期における相殺の権利は右約定に含まれておらず、又、その限度を超え民法の規定による遡及効の適用を全面的に排除し相殺適状時から相当期間経過後にした相殺の意思表示の時まで遅延損害金が原則として発生しこれを請求できる趣旨の約定ではない。」

　同裁判例は、「その限度で民法の遡及効を制限する特約であり」と判示していますが、7条3項（およびこれと同趣旨の銀行取引約定書の規定）が相殺の遡及効自体を制限する趣旨であるかについては争いがあります。

6　相殺の遡及効制限特約

（1）　はじめに

　法定相殺の場合、その効力は、相殺適状の生じた時点まで遡る（相殺の遡及効。民法506条2項）ところ、7条3項は、差引計算の効力発生時を明示的に定めていません。そのため、7条1項に基づく約定相殺を行う場

合も、民法の原則どおり、相殺の効力発生時点（＝自働債権と受働債権が対当額で消滅する時点）は、相殺適状時に遡及するかどうか、すなわち7条3項が相殺の遡及効を制限する特約であるか（＝相殺の遡及効を制限する趣旨を含むか）が論点となります。

　もっとも、少なくとも銀行と取引先の関係においては、自働債権および受働債権の利息、割引料、遅延損害金等をどの期間について算入するかさえ確定できればよく、本項によって「計算実行の日」までの期間を算入する処理を行えば足りるため（鈴木編・前掲358頁〔鈴木＝山本〕）、上記論点は顕在化してこなかったようです。

　こうしたなかで、近時、神戸地裁尼崎支部平成28年7月20日判決（金融法務事情2056号85頁）（裁判例①）および岡山地裁平成30年1月18日判決（金融法務事情2088号82頁）（裁判例②）が上記論点に関して異なる判断を行っており、注目に値します（裁判例①は、厳密には、平成28年（ワ）第231号事件と、平成28年（ワ）第232号事件の2つからなる。前者は、債権者が主債務者である会社の破産手続において融資債権を破産債権として届け出た事案、後者は、同一の債権者が連帯保証人である会社代表者の破産手続において連帯保証債務履行請求権を破産債権として届け出た事案である）。

（2）　問題の所在

　これらの裁判例で問題となったのは、約定相殺において利息・遅延損害金の計算期間は、計算実行の日までとする合意が、①煩雑な事務処理を避ける観点から約定相殺時の利息・遅延損害金の計算基準時を画一的に決定する趣旨にすぎず、相殺に伴う債権債務の消滅の効果は、民法の原則どおり、相殺適状時に遡って生じているとみるのか、②利息・遅延損害金の計算基準時を画一的に決定するだけではなく、実際の債権債務の消滅の効果が生じる時期を計算実行の日に固定し、相殺の遡及効（民法506条2項）自体を制限する趣旨であるとみるのかです。

　裁判例を紐解くうえでは、破産手続における開始時現存額主義を理解し

ている必要があります。開始時現存額主義とは、破産債権について連帯保証人や連帯債務者がいた場合、破産債権者が、当該連帯保証人や連帯債務者から、破産手続開始後に弁済等、破産債権を消滅させる行為を受けたとしても、その債権全額が消滅した場合を除き、破産債権者が、破産手続開始の時に有する債権の全額についてその権利を行使できることをいいます。

（3） 神戸地裁尼崎支部平成28年7月20日判決（金融法務事情2056号85頁）（裁判例①）

① 事案の概要

　銀行のA社に対する融資につき、A社の代表取締役Bが連帯保証を行っていたところ、平成27年3月19日、A社およびBについて破産手続が開始され、銀行は、同月27日、Bに対する連帯保証債務履行請求権を自働債権、Bの銀行に対する預金債権を受働債権として相殺を行いました（以下「相殺①」という）。

　銀行は、同年4月15日、A社の破産手続において、貸金債権を破産債権として届け出たが、相殺①の相殺額相当額を控除していなかったという事案です。A社破産管財人は、相殺の遡及効により相殺適状時（A社の破産手続開始申立時）において、相殺①の相殺額相当額分の貸金債権は存在していなかったことになると主張し、銀行の届出債権のうち当該金額について異議を述べました。

② 判　断

　銀行取引約定書8条3項（本件事案における約定書の条項）は、「債権債務の利息、割引料、清算金、損害金等の計算について……」との文言を用いてはいるものの、仮に同条項が（文字どおり）相殺時の利息・遅延損害金等を計算する際の基準日を定めたものにすぎず、相殺の遡及効が制限されないとすると、すでに債権債務は相殺により遡及的に消滅しているにもかかわらず、それら消滅した債権債務に対して利息等を付する合意をしているということになるところ、これは合意の内容としては不自然である、そうすると銀行取引約定書8条3項は、相殺の遡及効を制限し、銀行が相

殺を行った任意の日に相殺の効力を生ぜしめる旨の合意であると推認するのが合理的であるとしたうえで、遡及効制限合意の破産管財人に対する対抗力を認め、銀行の請求を認めました。

（4） 岡山地裁平成30年1月18日判決（金融法務事情2088号82頁）（裁判例②）

① 事案の概要

銀行が甲社に対して融資を行い、連帯保証人としてA、BおよびCがいたところ、AおよびBが平成28年9月7日に破産手続開始決定を受け、銀行が同年10月25日にCに対する保証債務履行請求権とCの銀行に対する預金債権を相殺し（以下「相殺②」という）、AおよびBそれぞれの破産手続において、相殺②により消滅した金額を差し引かずに計算した各保証債務履行請求権を債権届出したという事案です。

破産管財人は、上記金額について異議を述べました。なお、銀行は、A、BおよびCとの間で銀行取引約定書を引用する形で差引計算合意をしていました。

② 判断

裁判例②は、（ⅰ）差引計算合意の文言は、利息、損害金等の計算についての基準日を定めているだけであって、相殺の遡及効については何ら触れるものではない、（ⅱ）差引計算合意は、旧ひな型7条3項とほぼ同じ文言であるが、同項の趣旨は、銀行において相殺適状時を確認する負担を避けるためであったと解されるから、差引計算合意の効力はこの限度で認めれば足りる、（ⅲ）相殺は相殺適状時に当然に債権が消滅するのではなく、現実には、相殺の意思表示までの間に互いの債権について利息、損害金等が発生すること自体は否定できないから、当事者間で、利息、損害金等の清算方法を合意することは許されるが、かかる合意は相殺の遡及効と矛盾するものではなく、相殺の遡及効を制限する合意を当然に含む必要はないことを指摘して、差引計算合意は、相殺の意思表示によって消滅する債権について、その利息、損害金等の清算方法を合意したものであり、相

殺の遡及効を制限する合意を含むものとは認められないと判断し、銀行の主張を退けました。

③ 若干の検討

7条3項に相当する合意に相殺の遡及効を制限する合意が含まれているのであれば、計算実行日（破産手続開始後）に債権債務が消滅したとして扱われ、破産手続開始時に銀行が有していた債権には相殺の自働債権が含まれ、これを届出債権から控除しなくてよいとの結論となります。

これに対して、含まれていないのであれば、相殺の遡及効により相殺適状時（破産手続開始前）に自働債権が消滅している扱いとなり、これを届出債権から控除すべきとの結論になります。

相殺の遡及効を制限する合意が含まれる見解として、裁判例①、安達祐介「実務研究会報告　破産手続における債権回収の実務－開始時現存額主義と相殺の遡及効－」金融法務事情2064号50頁、粟田口太郎「破産開始時現存額主義と相殺の遡及効」金融法務事情2097号22頁等があります。

相殺の遡及効を制限する合意が含まれない見解として、裁判例②、杉本純子「銀行取引約定書における相殺の遡及効制限条項の有効性と手続開始時現存額主義」金融法務事情2073号26頁、天野監修・前掲179頁〔安東〕等があります。

そもそも、相殺について「双方の債務が互いに相殺に適するようになった時にさかのぼってその効力を生ずる」と定める民法506条2項は任意規定と解するのが一般的であり、結局、本論点は、当事者間の合意の意思解釈の問題といえます。

この点、銀行実務において7条3項に相当する規定は相殺の遡及効自体を排除する趣旨の合意として認識されています。他方で、遡及効を制限する旨が明示されていない以上、遡及効を制限する内容とは解釈されないとの見解（上田純「銀行取引約定書の解釈と破産手続における効力－神戸地裁尼崎支判平28．7．20と岡山地判平30．1．18を踏まえて－」金融法務事情2113号12頁）も存在することには留意を要します。

銀行としては、銀行取引約定書上、相殺の遡及効を制限する旨を明示的

に定めておくことも検討に値すると考えられます。

　なお、相殺の遡及効を制限する合意が実体法上有効である場合には、倒産手続上もその効力は否定されないと考えられています(上田・前掲16頁)。

▍事例解説

Q1　A社から、Y銀行を通じて、X銀行を被仕向銀行とし、X銀行に開設されていたC名義の当座預金口座を受入口座とする振込を依頼したものの、かかる振込依頼は、本来Dを受取人として行われるべきものであったため、組戻しの手続をとりたいとの連絡が入りました。しかしながら、被仕向銀行であるX銀行は、C名義の当座預金口座に振込金を入金記帳し、Cに対する貸金債権との相殺に備えて別段預金に振り替え、当座預金口座を強制解約している状況です。X銀行としては、そのまま相殺を行ってよいのでしょうか。

A1　誤振込の可能性を認識した場合には、相殺についてはいったん留保し、関係者からのヒアリングを行い、慎重に対応を検討する必要があります。

==================== **解　説** ====================

　振込依頼人と受取人との間に振込の原因となる法律関係が存在するかにかかわらず、被仕向銀行が受取人の預金口座元帳に記載した時点で預金債権が成立するのであり(最判平成8・4・26民集50巻5号1267頁、金融・商事判例995号3頁)、誤振込であっても、受取人は、被仕向銀行に対して誤振込相当額の預金債権を取得することになります。被仕向銀行からしてみれば、受取人に対して預金払戻債務を負うことになりますので、誤振込

があったからといって直ちに被仕向銀行に「利得」が生じるわけではないことには注意が必要です。

それでは、被仕向銀行が誤振込を認識した後に相殺を行った場合、法律関係はどのように整理されるのでしょうか。この点、名古屋高裁平成17年3月17日判決（金融・商事判例1214号19頁）は、「振込依頼人が、誤振込を理由に、仕向銀行に組戻しを依頼し、受取人も、振込依頼人の誤振込による入金であることを認めて、被仕向銀行による返還を承諾している場合には、振込金相当額相当の預金契約は、正義・公平の観念に照らし、その法的処理において、実質はこれが成立していないのと同様に構成し、振込依頼人の損失によって被仕向銀行に当該振込金相当額の利得が法律上の原因なく生じたものとして、被仕向銀行は振込依頼人に対して不当利得に基づく返還義務を負う」旨の判断をしています。

同裁判例は、被仕向銀行による相殺自体は有効と解しているため、被仕向銀行は受取人に対する預金払戻債務を負っていることになり、「利得」が認められないようにも思われますが、受取人が被仕向銀行による返還を承諾している状況下では、振込金の返還先が存在しないことになることから、被仕向銀行に「利得」が認められると整理しています。

また、被仕向銀行が誤振込の可能性を認識した後に相殺を行った場合についても、被仕向銀行は、振込依頼人に対する不当利得返還債務を負うとの結論となる可能性は高いと考えられます。

この点、東京地裁平成17年9月26日判決（金融・商事判例1226号8頁）は、「銀行が、振込依頼人から受取人の所在が不明であって組戻しの承諾を得ることができない事情について相当の説明を受けていながら誤振込の事実の有無を確認することのないまま、受取人に対する債権をもって当該振込に係る預金債権を相殺して、自らの債権回収を敢行したような場合には、この債権回収は、振込依頼人に対する関係においては、法律上の原因を欠き、不当利得となる」旨の判断をしています。

誤振込と不当利得の論点については、未だ最高裁判例が出ていません。しかしながら、そもそも不当利得制度の本質は、形式的・一般的には正当

視される財産的価値の移動が、実質的・相対的には正当視されない場合に、公平の理念に従ってその矛盾の調整を試みることにあるところ、各裁判例の根底には、たまたま誤振込がなされたことを奇貨として、振込依頼人の犠牲のもとに、相殺によって、本来回収不能で焦げ付きとなる債権の回収を図ることは、公平の理念から保護に値しないとの価値判断があると考えられます。

　なお、近時、「被仕向銀行において、受取人は、相殺の時点では、自らの事業を停止し、当該振込金に見合う取引がないことを知っており、口座に高額の金員の振込みがあることは不自然であると認識し得たものであって、振込が誤振込であることを知っていたと認めることができる」との事実認定を行った裁判例が登場しています（名古屋高判平成27・1・29金融・商事判例1468号25頁）。

　銀行としては、振込システムの提供者として、これまで以上に誤振込が疑われる事案については慎重な対応が求められているといえ、場合によっては、組戻しの依頼を促すことも必要となるでしょう。

Q 2　　X銀行は、Aに対して貸金債権を有しているところ、Aは、X銀行に普通預金口座を有し、国民年金および労災保険金の振込口座として利用しています。Aは、今月に至り、支払停止に至っており、貸金債務についての期限の利益を失っています。X銀行としては、Aに対して、貸金債務の一括弁済を催告し、これに応じないようであれば、普通預金口座の残高と貸金債務の残高を対当額で相殺処理してしまいたいのですが、可能でしょうか。

A 2　　原則として可能ですが、実質的には受働債権が差押えを禁止された債権と評価できる場合には、相殺を留保すべきです。

解 説

　国民年金および労災保険金を含め、ほとんどの社会保障給付は、その受給権の差押えが禁止されており（国民年金法24条、労働者災害補償保険法12条の 5 第 2 項）、かかる受給権を受働債権とする相殺も禁止されています（民法510条）。その趣旨は、受給者の生活の保障を実質的に確保する点にあります。

　本事例は、最高裁平成10年 2 月10日判決（金融・商事判例1056号 6 頁）をもとにした事案です。同判例は、原判決は正当として是認できるとして、結論として相殺を認めており、年金等の差押禁止債権であっても、預金債権になれば差押禁止債権の属性を承継しないとの考え方（非承継説）を採用したものと解されています。

　非承継説の主たる根拠は、年金等の受給権と銀行に対する預金払戻請求権とは別個の債権であるとの形式的理由、年金等が預金に振り込まれると一般財産と混同し、識別・特定ができなくなるため、年金等が振り込まれた場合に預金債権を受働債権とする相殺を一般に許さないとすることは妥当ではないとの実質的な理由とに分析することができます。

　しかしながら、非承継説の立場に立ったとしても、常に相殺が許されるとは限りません。たとえば、年金以外に振込がまったくない口座の場合には、預金の原資が差押禁止債権であることは明白であり、一般財産との混同が生じることもありませんので、相殺が認められない可能性が高いです（東京地判平成15・ 5 ・28金融・商事判例1190号54頁（差押えの事例））。

　近時は、「処分行政庁において児童手当が口座に振り込まれる日であることを認識した上で、児童手当が口座に振り込まれた 9 分後に、児童手当によって大部分が形成されている預金債権を差し押さえた差押処分は、児童手当相当額の部分に関しては、実質的には児童手当を受ける権利自体を差し押さえたのと変わりがない」との判断を示した裁判例（広島高松江支判平成25・11・27金融・商事判例1432号 8 頁）、「差押処分は、実質的に差押えを禁止された給料等の債権を差し押さえたものと同視することができ

る場合に当たるということができ、預金債権中、給与により形成された部分（10万0307円）のうち差押可能金額を超える部分については、差押禁止の趣旨に反するものとして違法」との判断を示した裁判例が登場しています（大阪高判令和元・9・26判例タイムズ1470号31頁）。

　非承継説の立場に立ちつつも、個別具体的な事情を考慮して、差押えおよび相殺を否定する考え方が有力になっており、実務上留意が必要です。

Q 3　X銀行は、平成27年10月1日、A社に対して1000万円を貸し付けましたが、A社は、同年12月1日以降弁済を怠っている状況です。X銀行は、令和3年2月1日、A社に貸金返還債務の履行を請求したところ、A社からはすでに当該貸金は時効により消滅しているといわれました。X銀行が確認したところ、A社は、X銀行に対して10万円の普通預金残高があり、X銀行は、令和2年10月1日、かかる預金をA社に対する貸金債権の一部の回収に充てていました。X銀行としては、かかる相殺または払戻充当によって時効は更新していると主張したいのですが、かかる主張は認められるでしょうか。

A 3　相殺または払戻充当のいずれと解したとしても、「権利の承認」（民法152条1項）が認められず、時効が更新されているとの主張は認められません。

＝＝＝＝ 解 説 ＝＝＝＝

　「権利の承認」（民法152条1項）とは、時効の利益を受けるべき者がその相手方の権利の存在を認識している旨の観念の通知であると解されています（大判大正8・4・1民録25輯643頁）。そうだとすれば、債務者において債権者の権利の存在を認識していることを表示したとの評価を基礎づける事実が認められるかが重要と考えられます。

相殺をもって「権利の承認」と認められるかについては、債務者からする相殺についてはこれを肯定できます（最判昭和35・12・23民集14巻14号3166頁）。他方で、本件のように債権者からする相殺については、債務者側には自発的・積極的な行為が認められませんし、仮に債務者側が相殺についてなんら異議を述べなかったとしても、当然には「権利の承認」は認められないと解されています（大判大正10・2・2民録27輯168頁）。新たにゼロから時効期間を進行させる「更新」の効果を生じさせるためには、さらに一歩進んで、債務者が債権者の権利の存在を認識していたことを示す具体的な事情が必要となるのです。

　それでは、払戻充当として構成した場合はどうでしょうか。この場合、銀行は、あらかじめ債務者から授与された包括的代理権に基づき弁済充当を行っていることになり、銀行が債務者の代理人として行動している点が相殺とは大きく異なります。しかしながら、払戻充当の場合も、少なくとも弁済充当の段階においては、債務者側の自発的・積極的な行為が認められない点は相殺と同様です。

　また、時効により利益を受ける債務者の弱い立場に乗じて債権者が不当な結果を強いる可能性があることに鑑み、時効の利益をあらかじめ放棄することは禁じられているところ（民法146条）、払戻充当をもって「権利の承認」があったと認めてしまうと、実質的には時効の利益の事前放棄を認めることになってしまいます。

　これらの理由から、払戻充当がなされたとしても、「権利の承認」（民法152条1項）は認められず、時効が更新されているとの主張は認められません。

第**8**条（甲からの相殺）

① 甲は、別に甲乙間に期限前弁済を制限する定めがある場合を除き、弁済期にある甲の預金その他乙に対する債権と、甲の乙に対する債務とを、その債務の期限が未到来であっても相殺することができるものとします。

② 満期前の割引手形または支払期日前の割引電子記録債権について甲が前項により相殺する場合には、甲は手形面記載の金額または電子記録債権の債権額の買戻債務を負担して相殺することができるものとします。ただし、乙が他に再譲渡中の割引手形または電子記録債権については相殺することができないものとします。

③ 前2項により甲が相殺する場合には、相殺通知は書面によるものとし、相殺した預金その他の債権の証書、通帳は届出印を押印もしくは届出署名を記入して直ちに乙に提出するものとします。

④ 甲が相殺した場合における債権債務の利息、割引料、保証料、清算金、違約金、損害金等の計算については、その期間を乙への相殺通知の到達の日までとします。また、利率、料率等について甲乙間に別の定めがない場合には乙が合理的に定めるところによるものとし、外国為替相場については乙の計算実行時において乙が合理的に選択する相場を適用するものとします。なお、期限前弁済について特別の手数料の定めがある場合は、計算実行時に期限前弁済があったものとしてその定めによるものとします。

1　本条の意義および制定経緯

　本条に相当する、旧ひな型7条の2は、旧ひな型が昭和52年に改正された際に、いわゆる逆相殺（注1）が認められることを明確にするために新設された規定です（「銀行取引約定書ひな型の改正について」昭和52年4月19日昭52全業第8号・各地銀協会並びに東京社員銀行宛・全国銀行協会連合会会長発）。昭和52年改正の主たる目的は、逆相殺についての規定である7条の2（および9条の2）を新設することにありました。

本条が新設されることとなった理由として、当時の世論（を受けた国会議員の発言や大蔵省の通達と行政指導の内容）が指摘されています。

　第1に、昭和51年2月の衆議院予算委員会（衆議院予算委員会、昭和51年2月13日（国会会議録検索システム））で「約定書の条項が銀行の一方的優位を示したものであり顧客の保護のための条項をも考慮するように」との議員の発言があったことへの考慮があったと指摘されています（天野佳洋監修『銀行取引約定書の解釈と実務』181頁〔安東克正〕）。

　第2に、（この議員発言を受けて発されたものであるかは定かではないが）昭和52年に大蔵省銀行局長通達（「歩積・両建預金の自粛の強化」蔵銀3243号昭和51年11月18日銀法250号33頁）が発されたことが指摘されています。この通達は、当時、企業の社会的責任重視の世論が、儲けすぎていた銀行に対する批判へと変わり、とりわけ歩積両建預金（注2）が問題視されたため、歩積両建預金の自粛強化措置として、発されたものです。

　その内容は、①拘束性預金の明確化（注3）、②債務者からの相殺規定の明記、③苦情処理体制の拡充という、銀行にとって厳しいものでした。そして、②債務者からの相殺規定の明記については、その規定の内容として、（a）預金が弁済期にあるときは取引先から相殺ができる、（b）満期前の割引手形についても取引先からの相殺を認める、（c）相殺充当の最終的な指定権は銀行に認める、という骨子の行政指導がなされたとされています（石井眞司『新銀行取引約定書の解説』75頁）。実際に、本条はこの行政指導の内容に沿ったものとなっています。

　　　（注1）「逆相殺」という用語は、銀行から相殺されることが一般的な銀行取引において、その逆であるという意味にすぎず、法律用語でもないが、本書では便宜上、取引先からの相殺という意味で使用する。
　　　（注2）手形割引に際して、その代り金の全部または一部をもって創設した預金で、拘束しているものを歩積（ぶづみ）預金といい、貸付に関連して拘束している預金を両建（りょうだて）預金という。いずれも、貸出の見合いとして事実上拘束された預金のことであ

り、この歩積預金と両建預金を総称して歩積両建預金という。

（注3）その内容の骨子は、いわゆるにらみ預金を解消するため、債務者の手もとに預金証書がある場合には、当該預金は原則として非拘束性預金として取り扱うこととし、この点を債務者に周知徹底させるため「当該預金は満期日以降自由に払戻しができる」旨の説明文を手交し、預金窓口にプレートを備え付け、新聞・テレビ等を通じて広報を行い、債務者の希望により当該預金証書に非拘束性預金のシールを貼付すること、また、すでに事実上拘束しているにらみ預金は、原則として相殺または拘束を解除することというものであった。

2　1項について

（1）　本項の趣旨

　民法上、預金債権と借入債務がともに弁済期にあるときに、取引先から相殺できることについては明文があり（民法505条1項）、借入債務の期限が未到来であっても、預金債権が弁済期にあれば、取引先が期限の利益を放棄して相殺することができるとするのが判例の立場です（大判昭和7・4・20法律新聞292号14頁）。本項は、このような法的相殺が可能であることを確認した規定です。

　本項が設けられる前には、取引先から信用金庫に対し相殺の意思表示をしたケースで取引先からの逆相殺を不可としたともとれる下級審判決もありましたが（東京地判昭和40・2・18下民集16巻2号300頁）、本項によってその疑義は解消されたといえます。

（2）　預金その他の債権の弁済期

　逆相殺をするためには、預金その他の債権が弁済期にあることが必要です。たとえば、当座預金、普通預金であれば、常に逆相殺は可能ですが、定期預金は支払期日以後に逆相殺が可能となります。

ところで、定期預金は、支払期日における取扱いが異なるものがあります。たとえば、一般に、自動継続（当該定期預金と同一種類・預入条件の定期預金として預入を継続するもの）、自動解約（当該定期預金を解約し、別途指定を受けた入金口座に入金するもの）、非継続（支払期日が到来しても、顧客から別途の申出を受けるまでは継続も解約もしないもの）等の取扱いが考えられます。

　自動解約や非継続の取扱いの定期預金であれば、支払期日以後の逆相殺に実務上特段の問題は生じないと思われます。他方、自動継続の取扱いの定期預金の場合は、支払期日到来と同時に新たな支払期日が設定されてしまうので、常に弁済期が到来していない状態にあり、理論上は逆相殺を行うことが不可能であるようにも思われます。

　もっとも、銀行における実務上の対応としては、支払期日前に逆相殺通知を受け取った場合や、自動継続の定期預金について逆相殺通知を受け取った場合は、逆相殺を直ちに無効として取り扱うのではなく、取引先の意向を確認したうえで、（定期預金の期日前解約に応じる場合と同様に）銀行の期限の利益を放棄して逆相殺に応じることや、支払期日に効力が生じるものとして逆相殺に応じることを検討するように思われます。

（3）　逆相殺ができない場合

　本条に明示的記載はありませんが、逆相殺が法律上禁止されることは当然ありえます（民法505条１項ただし書・２項参照）。

　たとえば、自働債権とする預金に担保権（質権等）が設定されている場合です。判例は、「債権が質権の目的とされた場合において、質権設定者は、質権者に対し、当該債権の担保価値を維持すべき義務を負い、債権の放棄、免除、相殺、更改等当該債権を消滅、変更される一切の行為その他当該債権の担保価値を害する行為を行うことは、同義務に違反するものとして許されないと解すべき」としています（最判平成18・12・21民集60巻10号3964頁、金融・商事判例1264号39頁）。

　また、自働債権とする預金が（仮）差押えを受けている場合も、取引先

はその預金の処分を禁止されているので、逆相殺は当然認められません。

　銀行における実務上の対応としては、逆相殺通知を受けた場合に、これらの点を見落とすことがないよう、注意すべきです。

（4）　各銀行の銀行取引約定書の規定

　今日の各銀行の銀行取引約定書においては、「期限前弁済を制限する約定（定め）がある場合」について、明文で逆相殺を禁止するものもあります。具体的取引としては、市場金利連動貸出やスワップ付貸出等が想定されます。もっとも、個別約定書において期限前弁済を制限している以上は、銀行取引約定書に明文がなくとも、逆相殺も同様に制限されると解しうるため、当該文言の有無で結論に差異は出ないように思われます。

　また、「弁済または相殺につき法令上の制約があるとき」について、明文で逆相殺を禁止するものもあります。この点についても、法令上の制約があるときに逆相殺は当然認められないと解されるため、当該文言の有無で結論に差異は出ないように思われます。

3　2項について

（1）　本項本文の趣旨

　手形割引の法的性質（手形割引の法的性質については、消費貸借説、混合契約説、無名契約説、売買説がある）は、取引先（割引依頼人）を売主、銀行を買主とする手形の売買であるとするのが判例です（最判昭和48・4・12金融・商事判例373号6頁）。売買説を前提とすれば、銀行は取引先に対して何ら具体的な債権を有していないから、理論上は、取引先からみて受働債権が存在せず、逆相殺は不可能ということになります。

　しかし、銀行取引上、手形割引は、手形貸付、証書貸付、当座貸越等、他の与信取引と同様に、取引先に対する信用供与の一手段として用いられており、与信取引の実体に変わりはありません。

そこで、満期前の割引手形についても逆相殺を可能とすべく、逆相殺との関係では、受働債権として買戻債務が発生することを特約として定めたものが本項です。

　なお、手形割引の法的性質を消費貸借またはそれに類似した契約とみれば、本項は当然のことを規定したにすぎないことになります（全国銀行協会連合会法規小委員会編『新銀行取引約定書ひな型の解説』124頁）。

（2）　本項ただし書の趣旨

　銀行は、手形割引によって裏書譲渡を受けた手形を、通常は、手形期日に支払呈示して資金化し、手形債権を回収しています。もっとも、たとえば、当該手形が日本銀行の再割引や担保適格の手形であった場合、手形の期日前でも、日本銀行へ再割引・担保のため裏書譲渡することがありえます。

　このように、銀行がすでに手形所持人ではなくなっていることもあり、その場合、銀行が譲渡先から手形を取り戻さない限り、逆相殺による買戻しに応じられません。そのため、再譲渡中の割引手形については逆相殺を認めないこととしたのが本項ただし書です。

　他方、再々譲渡によって銀行が再び手形所持人になっている場合には、逆相殺による買戻しに応じることができると解されます（石井・前掲84頁によれば、「再譲渡中の割引手形」という表現にしたのはそのためであると説明されている）。

　なお、単に取立中のため手元に割引手形がない場合には、「再譲渡中の割引手形」には当たらないと解されます。

4　3項について

（1）　本項の趣旨

　民法上、相殺の意思表示は必ずしも書面によらなければならないもので

はありませんが（民法506条1項本文参照）、銀行取引上は、逆相殺をした者が誰であるかを明確に把握し、その者が逆相殺の意思表示をしたこと、いつ逆相殺の効力が生じたかについて明確な証拠を後日のために残す必要があることから、本項前段で特約として定めています。

　また、債権に証書がある場合、全部の弁済をしたときは、その証書の返還を請求することができるため（同法487条）、取引先から逆相殺された場合、銀行は預金証書や預金通帳の返還を請求することができるところ、一部相殺の場合であっても、預金証書や預金通帳に預金の一部消滅を記載する必要があることから、本項後段を特約として設けています。

　なお、預金証書や預金通帳の返還義務は、弁済の後履行義務であると解されます。

（2）　民法478条の類推適用

　逆相殺通知が真実の預金者以外の者からなされ、銀行がその者に対する貸付債権が有効に相殺されたものとして処理したところ、後日真実の預金者から払戻請求があった場合に、届出印が押印された預金証書や預金通帳が回収されていれば、受領権者としての外観を有する者に対する弁済を規定した民法478条の類推適用（注4）によって、銀行は逆相殺の有効をもって真実の預金者に対抗できる可能性があるため、預金証書や預金通帳等への届出印の押印を徴求することは銀行にとって有用であると考えられます。

> （注4）最高裁昭和48年3月27日判決（民集27巻2号376頁、金融・商事判例360号2頁）は、無記名定期預金を受働債権として銀行から相殺したケースではあるが、銀行がその尽くすべき相当の注意を用いた以上、真実の預金者と異なる者を預金者と認定し、その者（表見預金者）に対し、預金と相殺する予定のもとに貸付をし、その後相殺をする場合には、民法478条の類推適用により、銀行は表見預金者に対する預貸金との相殺をもって真実の預金者に対抗できるとしている。

5　4項について

（1）　本項の趣旨

　民法上、相殺の効力は相殺適状時に遡るのが原則ですが（民法506条2項）、取引先が預金の約定利息・期限後利息、貸付利息、遅延損害金、戻割引料、戻利息等を正確に算出することは現実的に難しく、銀行においても差引計算をし直すことになるから、計算期間を「相殺通知の到達の日まで」と明確にすることで、計算を迅速・簡便にすることにしています。

　また、本来であれば、取引先が弁済期未到来の借入債務について期限の利益を放棄して逆相殺するとなると、弁済期までの未経過利息を払うことになりますが（大判昭和9・9・15民集13巻1839頁）、この特約によってそれを回避することができます。

（2）　外国為替相場の適用

　民法403条は、外国通貨で債権額が指定された金銭債権について、日本の通貨で弁済をすることができる旨定めていますが、いつの時点の為替相場によって円貨換算すべきかについては定めていません。判例は、履行期の相場ではなく、現実に履行をなす時の相場を適用すべきとしており（最判昭和50・7・15民集29巻6号1029頁、金融・商事判例473号8頁）、本特約もその考え方に従ったものといえます。

　また、計算時の外国為替相場によるとしても、その「外国為替相場」がいかなる為替レートを指すのかについて明らかではありません。そこで、いかなる為替レートを用いて計算するかについては銀行が合理的に選択できることを明示的に規定しています。たとえば、外国為替になじみの薄い取引先からすれば、新聞やポータルサイトに掲載されている仲値（TTMレート）により計算されると考えても不自然ではありませんが、銀行が取引先との外国為替取引を行うにあたって、仲値を用いて計算することはほとんどないように思われます。このように双方の認識に齟齬が生じうるこ

とを前提に、紛議が生じることを極力防止する趣旨から規定したものです。

　たとえば、取引先の円預金の預金債権と銀行の外貨建貸付の貸付債権について逆相殺がなされる場合には銀行の公示相場におけるTTBレートを選択し、取引先の外貨預金の預金債権と銀行の円貸建貸付の貸付債権について逆相殺がなされる場合には銀行の公示相場におけるTTSレートを選択することが想定されます。このような相場の選択は、外国為替取引の商慣習に照らして自然かつ合理的な選択であるといえるでしょう。

　なお、外国為替相場が適用される債権債務の利息、割引料、損害金等については、相殺計算の期間は、（計算実行時までではなく）逆相殺通知の到達の日までであることに注意が必要です。

（3）　手数料

　融資の返済期限が到来する前に取引先が繰上返済する場合、取引先に違約金の支払を求める条項が設けられている取引（たとえば、市場金利連動貸出やスワップ付貸出が想定される）があります。取引先が期限の利益を放棄して逆相殺を行うことは、実質的に期限前弁済を行うことと同様に考えられるので、この場合にも、取引先が違約金を負担することについて、なお書きで確認されています。

▐ 事例解説

Q　ある日、X銀行東京営業部与信先であるA社東京本社から、X銀行東京営業部宛に、A社大阪支店名義でX銀行大阪支店に開設された普通預金口座の残高200億円およびA社ソウル支店名義で当行ソウル支店に開設された韓国ウォン普通預金口座の残高3000億ウォンを、A社東京本社が当行東京支店から借り入れた米ドル建借入（いわゆるインパクトローン）残高800万米ドルのうち対当額について相殺する旨の書面が届きました。

この場合、実務上どのような点に留意すべきでしょうか。な
お、各普通預金規定および金銭消費貸借契約証書に特段の規定
がなく、銀行取引約定書の規定に従って処理する場合を想定し
てください。

A　　実務上留意すべき点として、①Ａ社の預金に関する対外的な
代表権限の確認、および、②外国為替相場による計算の実行、
が考えられます。

解　説

❶ Ａ社の預金に関する対外的な代表権限の確認

　法人から預金について相殺の意思表示があった場合には、当該意思表示
が当該法人の代表権限を有する自然人によってなされたかについて確認す
ることが必要です。たとえば、当該法人が上場企業等の大会社である場合
には、社内規程等に基づき、預金の管理に関する代表権限が財務部長等の
特定の役職の自然人に権限委譲（法的には任意代理権の付与）されている
ことが通常と思われますが、他方で、中小企業等である場合には、社長
（代表取締役）と経理担当従業員等の間の権限委譲関係が曖昧であるケー
スも考えられます。取引先からの相殺は、日常的な取引とは言い難いため、
代表取締役以外の自然人から意思表示を受領した場合には注意が必要と考
えられます。

　本事例についてみると、Ａ社は、預金の残高や海外支店の存在から、相
応の規模の会社であるように思われ、実務上、Ａ社東京本社とＸ銀行東京
営業部の間の取引に関しては、社内規程等に基づき、Ａ社の財務部長等が
行っているものと想定されます。

　もっとも、このような場合でも、Ａ社の財務部長等が、大阪支店やソウ
ル支店の預金取引についても代表権限を有しているのかについては、留意

する必要があります。特に、日常的な預金取引は、Ａ社大阪支店とＸ銀行大阪支店、Ａ社ソウル支店とＸ銀行ソウル支店間でそれぞれ独立して行っているような場合には、Ａ社の財務部長等が大阪支店やソウル支店の預金取引について、代表権限を有していない可能性も排除できませんから、慎重に対応すべきように思われます。

　実務的には、預金の払戻しに応じる場合と同様に、書面に押印を受け、当該印影を印鑑票の印影と照合することで確認をとる対応が考えられます。たとえば、相殺する旨の書面に押印がある場合にはその印影が各支店の印鑑票の印影と同一であるか確認する、確認ができない場合には押印のある書面による追完を依頼するといった対応がありうるように思われます。

❷ 外国為替相場による計算の実行

　相殺した場合における対当額の計算については、銀行取引約定書８条４項に基づき、計算実行時の外国為替相場（為替レート）に基づき計算することになります。外国為替相場については、米ドル、英ポンド、ユーロ等の国際通貨については、各銀行において公示相場を公表していることが一般的ですから、当該公示相場のTTBレートやTTSレートを用いて計算する方法が考えられます。

　もっとも、金額が大きい取引の場合は、銀行がカバー取引を市場実勢相場で行っていることとの関係で、公示相場と市場実勢相場の差額に係るリスク（為替変動リスク）を銀行が抱えてしまうことになります。そのため、本事例のように金額が大きい場合には、公示相場ではなく、市場実勢相場を選択して適用することも考えられます。金額が大きい取引については、各銀行において手続が定められていることもありえますから、当該手続にしたがった適切な対応をとることが肝要と思われます。

　さらに、インドネシアルピア、韓国ウォンなど、現地の金融当局の規制により、オフショア市場（当該国外の市場）において為替取引が自由に行えない外国通貨も存在します。これらの外国通貨が逆相殺の対象とされた場合は、当該逆相殺が各国の法令や当局による規制に違反していないかに

ついても確認が必要です。

　なお、これらの外国通貨に係る取引のために、銀行は、現地において必要となる為替取引のコストや業務体制を整備するためのコストを負担しています。各銀行は、これらのコスト負担も勘案して為替レートを定めていると思われますが、これらの為替レートを選択して適用することも合理的な選択として許容されるものと考えられます。

①　甲の乙に対する債務に関して手形または電子記録債権が存する場合において、乙が手形上の債権および電子記録債権によらないでまたは電子記録債権によって第7条の相殺または払戻充当を行うときは、その手形について、乙は、相殺または払戻充当と同時には返還を要しないものとし、その電子記録債権について、乙は、甲が支払等記録の請求をすることについての承諾をすること、および第7条の相殺もしくは払戻充当と同時に甲を譲受人とする譲渡記録もしくは乙を譲受人とする譲渡記録を削除する旨の変更記録の請求をすることを要しないものとします。

②　前2条の相殺または払戻充当により乙から返還を受ける手形または電子記録債権が存する場合には、その手形について、甲が乙まで遅滞なく出向き受領するものとし、その電子記録債権について、乙が相殺または払戻充当後、遅滞なく、支払等記録または甲を譲受人とする譲渡記録（保証記録を付さないものとします。）もしくは乙を譲受人とする譲渡記録を削除する旨の変更記録の請求を行うものとします。ただし、電子記録債権について、電子債権記録機関が支払等記録または譲渡記録の請求を制限する期間は、この限りではありません。また、満期前の手形について、乙はそのまま取り立てることができるものとし、支払期日前の電子記録債権について、乙はそのまま支払を受けることができるものとします。

③　乙が手形上の債権によって第7条の相殺または払戻充当を行うときは、次の各場合に限り、手形の呈示または交付を要しないものとします。なお、手形の受領については前項に準じます。

　1．甲の所在が乙に明らかでないとき。

　2．甲が手形の支払場所を乙としているとき。

　3．事変、災害等乙の責めに帰すことのできない事情によって、手形の送付が困難と認められるとき。

　4．取立その他の理由によって呈示、交付の省略がやむをえないと認められるとき。

④　前2条の相殺または払戻充当の後なお直ちに履行しなければなら

ない甲の乙に対する債務が存在する場合において、手形または電子記録債権に甲以外の債務者があるときは、乙は、その手形について、これをとめおき、取立または処分のうえ、債務の弁済に充当することができるものとし、その電子記録債権について、第2項の電子記録の請求を行わず、支払を受け、またはその電子記録債権を処分したうえで、債務の弁済に充当することができるものとします。

⑤　乙は、電子記録債権を甲に返還しなければならない場合であっても、電子記録名義人である限り、当該電子記録債権の債務者から支払を受けることができます。この場合において、乙がその取得金を保持する相当の理由があるときまたは乙が相当の期間内に甲にその取得金を支払ったときは、乙は甲に対してその取得金に関する利息、損害金等の支払義務を負わないものとします。

<h2>1　本条の意義</h2>

　手形貸付や手形割引などの手形が関係する取引において、銀行による差引計算（相殺・払戻充当）、あるいは取引先による相殺が実行されたときに、手形の呈示や交付が問題となるため、銀行の債権回収の実務は煩雑となります。そこで、法律が許容する範囲内で、銀行の債権回収を円滑にすることを目的として定められたものが本条になります。

　なお、参考までに、本条において参照される7条および8条を以下に引用します。

第7条（相殺、払戻充当）
①　期限の到来、期限の利益の喪失、買戻債務の発生、求償債務の発生その他の事由によって、甲が乙に対する債務を履行しなければならない場合には、乙は、その債務と甲の預金その他の乙に対する債権とを、その債権の期限のいかんにかかわらず、いつでも相殺することができるものとします。

② 前項の相殺ができる場合には、乙は事前の通知および所定の手続を省略し、甲に代わり諸預け金の払戻しを受け、債務の弁済に充当することもできるものとします。この場合、乙は甲に対して充当した結果を通知するものとします。

③ 前2項によって乙が相殺または払戻充当（以下「相殺等」といいます。）を行う場合、甲乙間の債権債務の利息、割引料、清算金、違約金、損害金等の計算については、その期間を乙による計算実行の日までとします。また、利率、料率等について甲乙間に別の定めがない場合には、乙が合理的な方法により定めるものとします。

④ 本条の相殺等において外国為替相場を参照する必要がある場合、乙が相殺等を行う時点の相場を適用するものとします。

第8条（甲からの相殺）

① 甲は、別に甲乙間に期限前弁済を制限する定めがある場合を除き、弁済期にある甲の預金その他乙に対する債権と、甲の乙に対する債務とを、その債務の期限が未到来であっても相殺することができるものとします。

② 満期前の割引手形または支払期日前の割引電子記録債権について甲が前項により相殺する場合には、甲は手形面記載の金額または電子記録債権の債権額の買戻債務を負担して相殺することができるものとします。ただし、乙が他に再譲渡中の割引手形または電子記録債権については相殺することができないものとします。

③ 前2項により甲が相殺する場合には、相殺通知は書面によるものとし、相殺した預金その他の債権の証書、通帳は届出印を押印もしくは届出署名を記入して直ちに乙に提出するものとします。

④ 甲が相殺した場合における債権債務の利息、割引料、保証料、清算金、違約金、損害金等の計算については、その期間を乙への相殺通知の到達の日までとします。また、利率、料率等について甲乙間

に別の定めがない場合には乙が合理的に定めるところによるものとし、外国為替相場については乙の計算実行時において乙が合理的に選択する相場を適用するものとします。なお、期限前弁済について特別の手数料の定めがある場合は、計算実行時に期限前弁済があったものとしてその定めによるものとします。

2　1項について

（1）　手形について

　本項は、銀行が手形外の貸金債権（原因債権）と預金債務とを差引計算（相殺・払戻充当）するに際し、同時にはその手形の返還を要しないことを定めています。

　銀行は、取引先の債務に関して手形の存する場合（注1）、原因債権たる貸金債権を自働債権として預金債務と相殺することができます。この場合、銀行は手形債権を行使しているわけではありませんが、取引先の債務の弁済と銀行の手形の返還は同時履行の関係にあると解されています（最判昭和33・6・3民集12巻9号1287頁、金融・商事判例529号45頁）。

　そのため、銀行は、このような抗弁権の付着している債権を自働債権として相殺することは許されず、相殺と同時に手形を返還しなければなりません（大判昭和13・3・1民集17巻318頁）。そこで、あらかじめ取引先の抗弁権を放棄させる旨の特約をして相殺をできるようにしたものが本項になります。

　なお、本項の特約の結果、銀行は、相殺などをするに際して同時には手形を取引先に返還する必要はありませんが、依然として後履行としての手形の返還義務を負っています。ただし、きわめて多数の手形を扱わなければならない銀行にとって、手形を積極的に返還しなければならないとすると煩雑であるため、これを回避するため、2項が設けられています。

（2） 電子記録債権について

　電子記録債権が行使された場合において、債務者は、債務者が支払等記録の請求をすることについて債権者が承諾するのと引き換えに支払う旨の抗弁を主張することができ（電子記録債権法25条3項）、また、原因債権と電子記録債権とが併存している場合において、原因債権が行使された場合においても、手形の場合と同様に、債務者は、債務者が支払等記録の請求をすることについて債権者が承諾するのと引き換えに支払う旨の抗弁を主張できると解されていますので（萩本修＝仁科秀隆編『逐条解説 電子記録債権法—債権の発生・譲渡・消滅等』5頁）、当該規定により、このような支払等記録の請求についての承諾等に係る同時履行の抗弁権は排除されることになると考えられます。

　なお、割引手形の買戻しについて、買戻代金の支払と手形の返還は同時履行の関係にあり、債権者が手形買戻請求権をもって債務者が債権者に対して有する債権と相殺するときには、債務者に手形を交付しなければならないと解されています（最判昭和50・9・25民集29巻8号1287頁、金融・商事判例479号7頁）。

　そこで、割引電子記録債権の買戻しについても、手形割引の場合と同様に、買戻代金の支払と債務者を譲渡人とする譲渡記録または銀行を譲受人とする譲渡記録を削除する旨の変更記録を請求することが同時履行の関係になると解されうるため、本項の特約はこの場合の同時履行の抗弁権を排除する機能も有することになると考えられます。

　　（注1）たとえば、手形貸付における単名手形と貸金債権、手形割引における割引手形と買戻請求権というように手形債権とその原因関係たる債権を併有している場合。

3 **2項（手形返還の場所等）について** ‖‖‖‖‖‖‖‖‖‖‖‖‖‖‖‖‖‖‖‖‖‖‖‖‖‖

（1）　本項第１文の意義

①　手形について

　本項第１文は、銀行からの差引計算（相殺・払戻充当）または取引先からなされた相殺に伴い、銀行から取引先に手形を返還することになる場合における返還義務の履行場所を当該銀行（の営業所）としたものです。

　本項第１文は、取引先に手形を「遅滞なく出向き受領」すべき義務を課すものですが、銀行は、取引先が手形の返還を請求してきたら直ちにこれに応じられるよう、準備しておかなければなりません。のみならず、実務の取扱いとしては、漫然と取引先の来行を待つのではなく、積極的に返還準備の完了を告げて受領に来ることを促すべきとされています（鈴木禄弥編『新版注釈民法（17）債権（８）』388頁〔中馬義直〕）。

　なお、銀行は、取引先に手形を返還する際には、その受取証書の交付を請求すべきとされます（民法486条）。この受取証書の交付と手形の交付は同時履行の関係に立つので、銀行は、受取証書の交付を受けない限り、手形を返還しなくても債務不履行にはなりません（同法533条）。

　また、銀行は、差引計算（相殺・払戻充当）後の手形を取引先に返還するのが原則ですが、自働債権が受働債権を超過する場合、手形を返還する必要はありません。

②　電子記録債権について

　本項第１文は、銀行に対し、銀行に対する債務について差引計算（相殺・払戻充当）後または取引先からの相殺後に、譲渡記録または支払等記録を請求することを義務付けています。なお、銀行が電子記録債権の譲渡記録を請求する場合、銀行を保証人とする保証記録がなされることを防ぐため（注２）、括弧書において、保証記録を付さない旨規定しています。

（2） 本項第2文（ただし書）の意義

でんさいネットは、支払期日の6銀行営業日前から、支払期日から起算して3銀行営業日を経過する日までの間は譲渡記録の請求はできないことから、本項第2文において、この期間中は銀行が電子記録債権について譲渡記録の請求をする義務を負わない旨規定しています。

（3） 本項第3文の意義

① 手形について

本項第3文は、期日未到来の手形がある場合に銀行に取立権があることを特約しています。差引計算または逆相殺後の手形で、満期直前の取立中の場合、その準備手続にある場合または取引先が何らかの事由で受領に来店しないため満期が切迫している場合などにおいて、銀行の判断により、銀行はそのまま期日に取り立てることができることとなります。

これは銀行に取立義務があることを定めたものではありません。銀行が手形の保管者としての善管注意義務を尽くすために通常の取立ができる旨を規定したもので、当然のことを明文化した注意規定とされます。ただし、返還を拒んで手形を留置する権限までを銀行に与えるものではありません。

また、取引先による相殺の場合、相殺通知の中に取立禁止の意思表示（あるいは手形の取立をしないでほしい旨の意思表示）を含んでいたとの主張がなされることもあるため、そのような主張を予防する意味もあるとされます（天野佳洋監修『銀行取引約定書の解釈と実務』199頁〔安東克正〕）。

なお、この取立代わり金は、本条4項の場合は別として、取引先に返還しなければなりません。

② 電子記録債権について

銀行は、取引先に電子記録債権の返還前に支払期日が到来した場合、口座間送金決済により銀行の口座に入金されるため、本項第3文において、電子記録債権について支払を受けることができることとしています。

（注2）でんさいネットでは、でんさいの譲渡に手形の裏書譲渡と同等の効果を持たせるため、でんさいを譲渡する際に、でんさいの譲渡人を電子記録保証人とすることを原則としている（株式会社全銀電子債権ネットワーク『「でんさい」のすべて〔第2版〕』62頁）。

4 3項（手形の呈示・交付の免除）について

（1）本項各号について

　銀行が手形上の債権をもって差引計算（相殺・払戻充当）をする場合、手形の呈示証券性・受戻証券性（手形法77条1項3号・38条・39条）により手形を取引先に交付しなければならず（大判大正7・10・2民録24輯1947頁）、また手形上の債権の一部で相殺するときにも取引先に対して手形の呈示だけはしなければならないと解されています（鈴木編・前掲389頁〔中馬〕）。

　しかし、銀行実務において、手形債権による相殺においてはいかなる場合にも呈示または交付をしなければならないとすると、相殺がきわめて困難もしくは不能という事態も生じかねません。銀行としては、特約によりこれを緩和することが考えられますが、裁判例は、たとえ当事者間の合意があっても、事前に抽象的一般的に手形の呈示または交付を免除するような特約をすることは許されないとしています（東京高判昭和33・4・30下民集9巻4号757頁）。

　そこで、本項においては、手形の呈示または交付を省略することが正当ないしやむをえないと客観的に認められる4つの場合に限り、これを免除することが定められています。

①「甲の所在が乙に明らかでないとき」（1号）

　たとえば、相殺や払戻充当をする際に、取引先が故意に行方をくらましたり、銀行に対して意図的に音信を絶ってしまったりする場合です。本号について、一時的であっても、差引計算（相殺・払戻充当）をしようとす

る時点で所在不明であれば足ります。必ずしも失踪（民法30条）のような状態である必要はありませんが、本項は制限的に解釈されることから、実務上は、守秘義務やプライバシーに配慮しつつも、可能な限り取引先の所在について調査したうえで適用するようにしなければならないとされています（天野監修・前掲202頁〔安東〕）。

② 「甲が手形の支払場所を乙としているとき」（2号）

手形の支払場所を銀行とする記載の効果は、支払呈示期間内にだけ効力を有するもので、この期間経過後に銀行が手形金額を請求する場合、取引先の営業所または住所が債務の履行場所になると解されています（最判昭和42・11・8民集21巻9号2300頁、金融・商事判例82号9頁）。

そこで、取引先が手形の支払場所を銀行にしている場合は、銀行は支払呈示期間の内外にかかわらず手形の呈示または交付なしに差引計算（相殺・払戻充当）をなしうる旨特約されています（鈴木編・前掲390頁〔中馬〕）。

③ 「事変、災害等乙の責めに帰すことのできない事情によって、手形の送付が困難と認められるとき」（3号）

天災地変等により、相殺の意思表示と同時に手形を送付することができないと客観的に認められるときに限られるとされます（鈴木編・前掲391頁〔中馬〕）。

④ 「取立その他の理由によって呈示、交付の省略がやむをえないと認められるとき」（4号）

呈示すべき手形がやむをえない事由によって銀行の占有を離れているような場合、たとえば、支払呈示のため郵送中の他所払手形がいまだ銀行に返還されていない場合、刑事事件で手形が押収されている場合などがこれに該当します（鈴木編・前掲同頁〔中馬〕）。

（2） 本項なお書について

差引計算（相殺・払戻充当）後の手形の授受については、前項と同様に、取引先が受領に出向くことが特約されています。

5 　4項（差引計算後の手形または電子記録債権の処遇）について　■■■

（1）　手形について

①　本項の意義

　銀行実務においては、従前より差引計算（相殺・払戻充当）を行っても
なお債権全額の回収に至らない場合、残債権の回収を図るために差引計算
（相殺・払戻充当）後の手形を銀行にとめおいて、当該取引先以外の手形
債務者から手形金を取り立てたり、他に手形を処分したりしたうえ、その
代わり金をもって残債権に充当してきました。本項は、このような取引慣
行を、包括的な合意の形で明文化したものとなります。

　なお、本項による留置承認により、要留置手形に関する限り、結局、呈
示または交付をも免除する結果になるとされます（鈴木編・前掲同頁〔中
馬〕）。

②　本項の要件

　　イ　「前2条の相殺または払戻充当の後」であること

　前2条の差引計算（相殺・払戻充当）後の場合でなければならないため、
銀行からの差引計算（相殺・払戻充当）、または取引先からの逆相殺等の
場合に限られ、任意弁済の場合には本項は適用されません（東京地判昭和
46・10・13判例時報655号81頁）。

　差引計算（相殺・払戻充当）は、手形債権についてなされたか、手形外
の原因債権についてなされたかを問いません。

　　ロ　「なお直ちに履行しなければならない甲の乙に対する債務が存在
　　　する場合」であること

　直ちに履行しなければならない場合であるから、期限未到来の債務や条
件付債務には適用されません。

　取引先の債務が存する場合であるから、手形金額の一部について差引計
算（相殺・払戻充当）がなされたため、その手形に残債務があるときのみ
ならず、差引計算（相殺・払戻充当）に係る手形とは別に、何らかの形で

同一取引先に対して債権を有している場合にも適用されます。

　　ハ　「手形……に甲以外の債務者があるとき」であること

　差引計算（相殺・払戻充当）後の手形に、他の振出人、引受人、裏書人、または手形保証人のあるときです。たとえば、差引計算（相殺・払戻充当）によりその負担する債務が消滅してしまう場合の保証人や裏書人との関係においては、本項の特約は働きません。

（2）　電子記録債権について

　銀行は、本項により、たとえば、電子記録債権の割引を行っている場合において、差引計算（相殺・払戻充当）の後もなお取引先に債務が残っているとき、2項の電子記録の請求を行わず、発生記録の債務者から支払を受けたうえで、その受領金を残債務の弁済に充当することができます。

（3）　典型事例

　本項の適用対象になると考えられる典型的な事例は、手形割引による買戻請求権について差引計算（相殺・払戻充当）がなされ、その結果、返還すべき差引計算（相殺・払戻充当）後の手形を残りの債権のために再度利用して回収を得ようとする場合であるとされます（堀内仁ほか監修『改正銀行取引約定書逐条解説と210の事例研究』26頁〔福田喜八郎〕）。

　たとえば、X銀行がYの依頼により振出人A、受取人兼第1裏書人Bの約束手形を割り引いたところ、この約束手形が不渡りになったので、X銀行はこの約束手形の買戻請求権とYに対する預金債務とを相殺した場合において、X銀行が、Yに対して他に手形貸付債権を有していたところ、Yに返済能力がないので、当該手形をとめおいたうえで、割引手形の第1裏書人Bあるいは振出人Aに対して手形金を請求し、その回収金をもってYに対する手形貸付債権の弁済に充当しようとするような場合です（大西武士「相殺と手形の処理（八条関係）」堀内仁先生傘寿記念『銀行取引約定書－その理論と実際－』249〜250頁）。

6 ５項（電子記録債権返還前の取得金の取扱い）について ▮▮▮

　以下のような場合において、銀行が取引先から電子記録債権を預かっている間に支払期日が到来した場合、銀行に支払がなされてしまうところ、本項は、銀行が取得金の受領権限を有し、利息・損害金の支払義務を負わない点を定めたものになります。

① 取引先が支払期日前に電子記録債権の買戻しを行ったものの、でんさいネットの記録制限期間であったことから、取引先へ当該電子記録債権を譲渡することができなかった場合

② 割引依頼のために取引先が銀行に電子記録債権の譲渡記録を行ったが、割引が決定される前に支払期日が到来した場合

③ 電子記録債権貸付において、支払期日に借入金の返済を受けたが、電子記録債権について口座間送金決済がなされてしまった場合

④ 担保としての電子記録債権を返還する前に、支払期日が到来し、口座間送金決済がなされてしまった場合

▮事例解説

Q　X銀行は、預金者Aに対して、手形貸付を行いました。預金者Aは、当該手形貸付に係る貸付債務の期限が到来したにもかかわらず、その弁済を行いませんでした。X銀行は、当該手形貸付について払戻充当の方法で債権を回収することを検討しています。この場合、X銀行は、その保有する手形についてどのように取り扱うべきでしょうか。

A　X銀行は、貸金債権について払戻充当することも手形債権について払戻充当することもできます。X銀行は、前者の場合において、貸金債権が預金債務を超過しない場合は、預金者Aの

返還請求があった場合に直ちにこれに応じられるよう手形を準備しておくことで足り、超過する場合は、手形の返還を要しません。後者の場合において、手形債権が預金債務を超過しない場合、預金者Aに手形を交付しなければならず、超過する場合は、預金者Aに手形を呈示しなければなりません。

===== 解 説 =====

まず、銀行取引約定書2条は、「乙の甲に対する債権に関して手形上…の権利が併存している場合、乙はその選択により、その債権または手形上……の権利のいずれによっても請求または相殺等を行うことができる」と定めていますので、X銀行は、手形貸付に係る原因債権である貸金債権と手形債権のいずれを行使することもできます。

そして、貸金債権について払戻充当する場合と手形債権について払戻充当する場合の手形の取扱いはそれぞれ以下のとおりとなります。

❶ 貸金債権に充当する場合

（1） 貸金債権が預金債務を超過しない場合

貸金債権の支払と手形の返還は同時履行の関係にありますが（前掲最判昭和33・6・3）、銀行取引約定書9条1項において、「甲の乙に対する債務に関して手形……が存する場合において、乙が手形上の債権……によらないで……第7条の相殺または払戻充当を行うときは、その手形について、乙は、相殺または払戻充当と同時には返還を要しない」と定められていることから、この場合の同時履行の抗弁権は排除されます。そのため、X銀行は、払戻充当時には手形の返還を要しないこととなります。

もっとも、この場合においても、X銀行は、預金者Aに対し、手形の返還義務自体は負うことになりますが、9条2項において、「前2条の相殺または払戻充当により乙から返還を受ける手形……が存する場合には、そ

の手形について、甲が乙まで遅滞なく出向き受領する」と定められていることから、その返還義務の履行場所は、Ｘ銀行とされます。また、預金者Ａには遅滞なく手形の受領に出向く義務が課されることになるため、Ｘ銀行としては、預金者Ａが返還請求した場合に直ちにこれに応じられるよう準備しておくことで足ります。実務上の観点からは、Ｘ銀行は、漫然と預金者Ａの来行を待つのではなく、返還準備の完了を告げ受領を促すのが望ましいと考えられます。

なお、Ｘ銀行は、預金者Ａへの手形の返還に際し、受取証書の交付を請求すべきです（民法486条）。手形の返還と受取証書の交付は同時履行の関係に立つため、Ｘ銀行は、受取証書の交付を受けるまで、手形を返還しなくても債務不履行にはなりません（民法533条）。

（2）　貸金債権が預金債務を超過する場合

Ｘ銀行は、手形の返還を要しません（鈴木編・前掲388頁〔中馬〕）。

❷ 手形債権に充当する場合

（1）　手形債権が預金債務を超過しない場合

Ｘ銀行は、手形の受戻証券性（債務者は、証券と引き換えでなければ債務を履行する必要がないこと）のため、預金者Ａに手形を交付しなければなりません（手形法77条１項３号・39条参照）。

ただし、預金者Ａの所在が不明な場合、その他手形の交付の省略がやむをえない場合などにおいては、Ｘ銀行は、手形の交付を要しません（銀行取引約定書９条３項各号）。

（2）　手形債権が預金債務を超過する場合

Ｘ銀行は、預金者Ａに対し、手形の呈示証券性（履行の請求は証券を提示して行う必要があり、証券の呈示を伴わない請求は債務者を遅滞に付する効果はないこと）のため、手形を呈示しなければなりません（手形法77

条1項3号・38条参照）。

　ただし、預金者Aの所在が不明な場合、その他手形の呈示の省略がやむをえない場合などにおいては、X銀行は、手形の呈示を要しません（銀行取引約定書9条3項各号）。

第10条（乙による充当の指定）

　甲が債務を弁済する場合または第7条による相殺または払戻充当の場合、甲の乙に対する債務全額を消滅させるに足りないときは、乙が適当と認める順序方法により充当することができ、甲はその充当に対しては異議を述べないものとします。

1　充当の指定とは

　10条および11条はともに充当の指定について定めたものです。

　充当の指定とは、債務者が債務の一部について弁済または相殺を行った場合などに、それをどの債務から充当するかについて指定することをいいます。

　銀行実務において、銀行が同一の取引先に対して複数の貸付債権を有していたり、元金、利息、損害金、費用等がある場合に、取引先からの弁済の提供、銀行の差引計算の実行、取引先からの相殺などにより、取引先に対する債権の一部のみが消滅する結果となることがあります。

　このように、債務者からの弁済が債務の全部を消滅させるに足りないときは、弁済をどの債務に充当するかによって消滅する債務と残存する債務が異なるため、どの債務に充当するかということは債権者である銀行にとっても債務者である取引先にとっても重要な問題となりえます。

　たとえば、取引先としては、自己にとって弁済の利益が多いもの、すなわち、一般的に、取引先が自己の財産を担保に提供している債務とそうでない債務があれば担保を提供している債務から、利息の高い債務と低い債務があれば高い債務から、先に充当することを望むであろうし、一方、銀行としては逆の順序を希望すると思われます。そこで、銀行と取引先のどちらが充当の指定をできるのかが重要となります。

2 特約の必要性

　充当の方法については、民法488条以下に弁済の充当に関する規定があります。充当の方法について当事者間に何らの合意がなければ（契約による充当が適用されない場合）、民法の規定が適用されます。

　しかしながら、弁済の充当および相殺の充当のいずれにおいても、民法の規定が適用されると、銀行が意図するとおりに充当できるとは限らず、銀行は自己にとって不都合となる取引先の充当の指定または法定充当に従わざるをえない場合が生じえます。

　すなわち、担保のある貸付債権や利息の高い債権が先に弁済されたりして、銀行に不利な結果となりえます。また、貸付債権額に応じて按分して充当する必要があるときには（民法489条4項4号）、面倒な計算を余儀なくされるという問題が生じます（鈴木禄弥編『新版注釈民法（17）債権（8）』400頁〔鈴木禄弥＝山本豊〕。

　そこで、このような事態が生じるのを回避すべく銀行が充当の順序を決定できるようにするため、当事者間で充当に関する特約を設ける必要があります。

3 本条について

　取引先からの弁済の提供または銀行の差引計算の実行により銀行の取引先に対する貸付債権の一部のみが消滅する場合において、10条は、どの貸付債権に充当するかは銀行の指定によって定まり（銀行に充当指定権が与えられている）、銀行の指定に対して取引先は異議を述べないこと（取引先の異議の申述権が放棄されている）を約定したものです。

　民法の弁済充当および相殺充当の規定は任意規定であるところ、これらの規定の適用によって生じる銀行にとって不都合な結果を回避すべく、充当の順序方法に関する特約として10条が設けられています。

　銀行に充当指定権が与えられる場合として10条が予定しているのは、取

引先のする弁済、銀行がする相殺、および銀行がする払戻充当ですが、いずれの場合においても、銀行は、貸付債権の回収上、銀行にとって最も「適当と認める順序方法により充当でき」ることになります（石井眞司『新銀行取引約定書の解説』122頁）。

「順序」とは、民法488条ないし491条における充当の順序のことであり、「方法」とは、充当指定の意思表示のことです。すなわち、銀行は、債権回収上銀行に有利なように充当順序を指定して、指定した順序で充当ができます。

したがって、貸付債権の弁済期の先後、その到来未到来を問わず、また利息の高低にこだわることなく、銀行は、無担保の貸付債権の返済や不渡りの懸念ある割引手形の買戻しに先に充当すべき旨を指定して弁済をさせ相殺をすることができます。

■事例解説

Q 1　複数の債務がある取引先A社が弁済の対象となる債務を指定して弁済を申し出たので、X銀行は、いったんA社の申出に従って充当しました。しかし、その後、別の債務に充当する必要性が判明しました。

また、複数の債務がある取引先B社はなんらの指示なしに弁済を提供したので、X銀行は特に充当の指定を行わずに受領しました。しかし、その後、A社と同様に、当初充当した債務とは別の債務に充当する必要性が判明しました。

X銀行としては、銀行取引約定書に基づいて、A社とB社それぞれについて、当初充当した債務とは別の債務に充当したいのですが、認められるでしょうか。

A1　A社およびB社の別の債務への充当は、いずれも認められません。

═════════ 解　説 ═════════

　取引先が銀行に対する債務を弁済する場合、民法の原則では、取引先が第1次的に充当を指定する権利を持ちますが（民法488条1項）、銀行取引約定書10条の特約により、銀行が自由に充当指定をすることができます。

　すなわち、民法488条1項において、「債務者が同一の債権者に対して同種の給付を目的とする数個の債務を負担する場合において、弁済として提供した給付が全ての債務を消滅させるのに足りないとき（次条第1項に規定する場合を除く。）は、弁済をする者は、給付の時に、その弁済を充当すべき債務を指定することができる」と定められています。

　「債務者が同一の債権者に対して同種の給付を目的とする数個の債務を負担する場合」の典型例は、銀行の取引先に対する金銭債権が複数個あるケースです。「弁済として提供した給付が全ての債務を消滅させるのに足りないとき」とは、取引先が銀行に対し弁済したがその支払額が総債権額に満たないときを指します。このとき、「弁済をする者は、給付の時に、その弁済を充当すべき債務を指定することができる」となっており、取引先は銀行の有する複数債権のうちどの債権がどのような順序で弁済されるかを決めることができます。この当事者の一方の指定による充当を指定充当といいます。

　なお、同項括弧書において、「（次条（筆者注：民法489条）第1項に規定する場合を除く。）」と定められているため、元本のほかに費用や利息が生じる場合には民法489条が適用されることになります。同条1項において、「債務者が一個又は数個の債務について元本のほか利息及び費用を支払うべき場合（債務者が数個の債務を負担する場合にあっては、同一の債権者に対して同種の給付を目的とする数個の債務を負担するときに限る。）において、弁済をする者がその債務の全部を消滅させるのに足りない給付

をしたときは、これを順次に費用、利息及び元本に充当しなければならない」と規定されており、取引先が１個または数個の債務につき元本のほか利息や費用を支払うべき場合の弁済充当については、取引先による指定充当はできず、取引先の弁済は費用・利息・元本の順序で充当されることになります。

　そして、同条２項において、「前条（筆者注：民法488条）の規定は、前項（筆者注：民法489条１項）の場合において、費用、利息又は元本のいずれかの全てを消滅させるのに足りない給付をしたときについて準用する。」と定められており、同条１項により充当したものの費用・利息・元本のいずれかが消滅しないときは、同条２項により民法488条全体が準用される結果、同条１項によりまずは取引先が指定充当をすることができます。

　しかしながら、民法489条に基づき、当事者間で弁済の充当の順序の合意がある場合は、当該合意が優先することになります。民法490条において「前二条（筆者注：民法488条および489条）の規定にかかわらず、弁済をする者と弁済を受領する者との間に弁済の充当の順序に関する合意があるときは、その順序に従い、その弁済を充当する」と定められており、民法490条は弁済の充当に関する規定は任意規定であるとして弁済をする者との弁済を受領する者との間で充当の順序につき「合意」があれば、当該合意で決めた弁済の充当の順序が民法488条および489条より優先することになります。

　ここで、銀行取引約定書10条の特約が、弁済をする者である取引先と弁済を受領する者である銀行との間における民法490条の「合意」に該当します。よって、当該特約が取引先の指定充当などを定めた民法488条および489条よりも優先することになり、銀行は取引先の弁済をどの債務に充当するかを決めることができます。

　もっとも、取引先が弁済の対象となる債務を特定して弁済を申し出てきた場合、銀行がこれを受領しておきながら後に別の債権に充当することまでは認められないとされています。

　したがって、本事例において、Ｘ銀行は、一度、Ａ社が指定した債務に充当した以上、今からＡ社の別の債務に充当することは認められないことになります。

　また、取引先がなんらの指示なしに弁済を提供してきた場合であっても、銀行は、受領の際に直ちに充当の指定をすべきで、銀行がこれを怠ったときは、法定充当になると解されています。

　したがって、本事例において、Ｘ銀行は、Ａ社が弁済の提供をした際に直ちに充当の指定をしていないことから、Ａ社の弁済の充当については法定充当となり、Ｘ銀行がこれと異なる充当をすることは認められないことになります。

　取引先が弁済の提供をした際、銀行が異議を述べるのが遅れると、取引先の指定に従った充当（取引先が充当を指定しなかった場合は法定充当）が確定してしまうため、銀行はとりあえず異議の申入れだけは早急にするよう注意すべきです。

Q2　　取引先による債務の弁済が滞るようになったため、Ｘ銀行は、担保権の実行を検討しています。担保権実行による不動産競売手続の配当金についても、Ｘ銀行は、銀行取引約定書10条によって充当の指定を行えると考えてよいでしょうか。

A2　　担保権実行による配当金について、Ｘ銀行は、銀行取引約定書10条に基づく充当の指定を行うことはできません。

=== 解 説 ===

　民事執行法は、複数の債権者間の配当に関してさまざまな規定を置いていますが、一人の債権者の複数の債権について配当金がどのように充当されるかについては何ら規定していません 。一方で、民法は、債務者が同一の債権者に対して数個の債務を負担する場合においてその全部を消滅さ

せるに足りない弁済をしたときについて、弁済充当の規定を置いています（民法488条および489条）。

　当該弁済充当に関する規定は任意規定であるため（民法490条）、銀行との取引においては、銀行取引約定書10条のような特約がされるのが通常です。そこで、民事執行手続で配当がされ、複数の債権を有する債権者がその全部を消滅させるに足りない配当金を受領した場合において、債権者は当該特約に基づく指定充当をすることができるか、また、配当金が各債権にどのように充当されるかが問題となります。

　同様の問題は、本事例のように担保権の実行としての競売の実行の結果生じるほか、複数の債務名義によって申し立てた強制執行により、すべての債権を満足させるに足りない配当金等を受領したという場合や、破産手続における配当に関しても生じます。

　判例は、不動産競売手続における配当金が同一担保権者の有する数個の被担保債権のすべてを消滅させるに足りない場合と弁済充当の方法について、担保権実行による不動産競売手続における配当金は、担保権者の有する数個の債権について改正前民法489条ないし改正前491条の規定に従って弁済充当されるべきものであって、特約により充当の順序を変更することは許されない旨判示しました（最判昭和62・12・18民集41巻8号1592頁、金融・商事判例788号3頁）。

　同判例は、「不動産競売手続は執行機関がその職責において遂行するものであつて、配当による弁済に債務者又は債権者の意思表示を予定しないものであり、同一債権者が数個の債権について配当を受ける場合には、画一的に最も公平、妥当な充当方法である法定充当によることが右競売制度の趣旨に合致する」ことを理由としています。

　したがって、本事例における配当金の充当については、銀行取引約定書10条の適用は認められないことになります。X銀行は、担保権実行による不動産競売手続の申立を検討する際は、銀行取引約定書10条の適用がないことを念頭に置く必要があります。

（参考文献）

・1について、大平正「銀行取引約定書Ｑ＆Ａ〔第2版〕」222～223頁、
石井眞司『新銀行取引約定書の解説』120～121頁

・2について、鈴木編・前掲400頁〔鈴木＝山本〕、石井・前掲122～123頁

・3について、全国銀行協会連合会法規小委員会編「新銀行取引約定書ひ
な型の解説」152～153頁、石井・前掲122頁

・Ｑ1について、鈴木編・前掲400～401頁〔鈴木＝山本〕

・Ｑ2について、竹下守夫編『民事執行法判例百選〔No.127〕』112頁

第11条（甲による充当の指定）

① 第8条により甲が相殺する場合、甲の乙に対する債務全額を消滅させるに足りないときは、甲は乙に対して書面による通知をもって充当する順序方法を指定することができるものとします。

② 甲が前項による指定をしなかったときは、乙が適当と認める順序方法により充当することができ、甲はその充当に対しては異議を述べません。

③ 第1項の指定により乙の債権保全上支障が生じるおそれがあるときは、乙は遅滞なく異議を述べ、担保、保証の有無、軽重、処分の難易、弁済期の長短、割引手形または割引電子記録債権の決済見込みなどを考慮して、乙の指定する順序方法により充当することができます。

④ 前2項によって乙が充当する場合には、甲の期限未到来の債務については期限が到来したものとして、また満期前の割引手形および支払期日前の割引電子記録債権については買戻債務を、支払承諾については事前の求償債務を甲が負担したものとして、乙がその順序方法を指定することができるものとします。

1 本条の意義

　取引先からの相殺により取引先が銀行に対して負担する全債務が消滅することにならない場合に、どの債務に充当するかを定める必要があるため、取引先からの相殺に関する8条に合わせて11条が定められています。

2 各項の解説

（1） 1項（取引先による相殺における充当指定の原則）について

　1項は、取引先の受働債権（銀行の取引先に対する貸付債権）につき、取引先に第1次の充当指定権を与えたものです。

　すなわち、1項は、取引先からの相殺（取引先の銀行に対する預金債権を自働債権、銀行の取引先に対する貸金債権を受働債権としてする取引先による相殺を「逆相殺」という）については、取引先がその負担する債務のうちどの債務に充当するかを指定する権利を原則として有することを定めています。たとえば、取引先は、分割弁済約定のある長期借入債務のどの部分とでも、弁済期の到来未到来・担保の有無・利率の高低などを問わず、自分が最初に指定して相殺充当をすることができます。

　この充当指定は、逆相殺の通知と同様に、必ず銀行に通知しなければならず（意思表示が必要、民法488条3項）、しかも逆相殺の通知と同時にしなければならないとされています。

　もっとも、1項による特約は、民法の弁済充当・相殺充当の規定を全面的に排除する趣旨とは解されていません。よって、取引先が明らかに不当な充当指定、たとえば、費用→利息→元本の順序を逆にした充当の指定をした場合には、銀行は、民法489条1項の「順次に費用、利息及び元本に充当しなければならない」との規定に従って、直ちに異議を述べて順序を変更させることができると解されています。ただし、民法の当該規定は強行規定ではなく、当事者間の合意によってこれと異なる充当をすることはできます。

　そのため、銀行としては、実務上は、そのまま取引先の充当指定を認めて相殺計算するのか（黙示の承諾）、それだと不都合であれば取引先と相談して費用→利息→元本の順序で充当する合意をしたうえで相殺計算をするのがよいといわれています

　なお、前記のとおり、原則として、充当指定権は第1次的に取引先にありますが、当該充当指定権は、銀行の取引先による充当の指定を変更できる権利（充当指定変更権）を認める規定（11条3項）により、実質的に骨抜きにされていると指摘されています

（2）　2項（取引先が充当指定をしなかった場合）について

　2項は、取引先が逆相殺により自己の負担する債務の全額を消滅させる

ことができないにもかかわらず充当の指定をしなかったときは、銀行が充
当指定できることを明らかにしています。

　すなわち、取引先（相殺者）が逆相殺の通知と同時に１項による第１次
の充当指定権者として充当指定をしてこなかったときは、銀行（被相殺
者）が第２次の充当指定権者になります。

　もっとも、２項による銀行の充当指定も、取引先に対する通知を欠くこ
とはできず（意思表示が必要。民法488条３項）、しかも取引先からの逆相
殺の通知の到達後遅滞なく行う必要があります。銀行による充当指定が遅
れた場合、当該充当指定は認められず、民法489条の法定充当になります。

　なお、銀行が充当指定の通知をしたところ、取引先が直ちに異議を述べ
たときは、民法488条２項によってその充当は効力を失い、民法489条の法
定充当になってしまいます。そこで、銀行の充当指定が確定的に効力を生
じるように、２項の特約によって、取引先に異議の申述権を放棄させてい
ます。この場合の充当処理は、銀行から相殺する場合と変わらないといえ
ます。

（3）　3項（銀行による充当指定の変更）について

　３項は、11条における眼目をなす規定といわれており、取引先の充当に
従って処理すると銀行の取引先に対する債権保全上支障が生じるおそれが
あるときは、銀行は取引先の充当指定を変更できる旨（銀行の充当指定変
更権）を定めています。

　取引先が逆相殺の通知と同時に１項による充当指定をしてきた場合、銀
行はこれに対し民法488条２項ただし書による異議を述べることはできま
せん。しかし、民法の弁済充当・相殺充当の規定は強行規定とされていな
いため、これらとはまったく別個の内容の特約を設けています。１項によ
る取引先の充当指定は、結局、この３項によって大きな制約を受けていま
す。

　１項に基づく取引先の充当指定をした場合、担保や保証のある銀行の貸
付債権が消滅してそれらのない貸付債権が残ったり、また、割引手形のう

ち決済の見込みの確実なものが受け戻されて決済に不安のあるものが残ったりすることがありえます。そこで、このように銀行にとって債権保全に支障を生ずると認められる相当の事由があるときは、銀行は取引先の充当指定に対し異議を述べられるようにする必要があります。

しかしながら、民法の法定充当の規定は債務者に有利に定められているため、銀行が取引先の充当指定に異議を述べて当該充当指定を失効させ法定充当に変更させるだけでは、銀行の債権保全上の支障を除くうえで十分ではありません。そのため、取引先の充当指定に対する異議を述べられるだけでなく、銀行から改めて充当ができる旨の特約をしておく必要があり、その趣旨を反映した３項が制定されています。

（４）　４項（銀行による充当指定の方法）について

４項は、銀行が、２項・３項によって充当する場合には、期限未到来の債務については期限が到来したものとして、また、満期前の割引手形はその買戻債務が発生したものとして、さらに支払承諾については事前求償の債務を取引先が負担したものとして、充当の指定をすることができるとしています。

銀行が、２項・３項によって充当する際は、本来ならば弁済期が到来した債権（期限の利益を喪失したもの、満期前買戻請求権や事前求償権が発生したものを含む）を指定する必要がありますが、そのために回収見込や決済見込の確実な貸付債権や割引手形が消滅して不確実なものが残ったのでは、銀行の債権保全に支障を来すことになるため４項が定められています。

▌事例解説

Q　　X銀行は、取引先が行った弁済の充当の指定を変更したいと考えていますが、この変更は保証人に対しても効力を有すると

考えて問題ないでしょうか。

A　　　　X銀行による充当の指定の変更は保証人に対しても効力を有します。

―――――――　**解　説**　―――――――

　銀行取引約定書の効力について、契約の当事者間においては、一方当事者間に不当な不利益を強いるというものではない限り、契約自由の原則上有効と考えてよいとされています。契約自由の原則の内容は、何人も契約をするかどうかを自由に決定することができる契約締結の自由（民法521条1項）、および契約の当事者は契約の内容を自由に決定することができるという内容決定の自由（同条2項）などを含みます。銀行の充当指定権を認めた11条3項は、一方当事者に不当な不利益を強いるものではないため、契約の当事者間で有効となります。

　ここで、保証人は銀行と取引先間の契約に対して第三者の立場にあるのではなく、あくまでも当該契約の当事者であるため、銀行による充当指定の変更は保証人に対しても当然に効力を有すると考えられています。

　すなわち、保証人のうち銀行取引約定書上の保証人は間違いなく契約の当事者といえますし、また、個別契約上の保証人は当該個別契約において「銀行取引約定書の各条項を承認のうえ」保証するとしているため、この場合の保証人も契約当事者にほかならないことになります。

　なお、銀行取引約定書の各条項は通常個別契約書には重複して記載されないため、当該各条項を引用した契約内容を個別契約上の保証人にも認識させておくべく、銀行は当該保証人に対して銀行取引約定書の控を交付すべきといわれています。

（参考文献）
・2（1）について、全国銀行協会連合会法規小委員会「新銀行取引約定

書ひな型の解説」156〜158頁、鈴木禄弥編『新版注釈民法（17）債権
（8）』406頁〔鈴木禄弥＝山本豊〕、石井眞司『新銀行取引約定書の解
説』127〜128頁

・2（2）について、鈴木編・前掲406頁〔中馬〕、石井・前掲128〜129頁
・2（3）について、鈴木編・前掲406〜409頁〔中馬〕、石井・前掲129〜
133頁
・2（4）について、鈴木編・前掲409頁〔中馬〕
・Qについて、堀内仁ほか編『新銀行取引約定書と貸付実務』368〜370頁

第12条（危険負担、免責条項等）

① 甲が振出、裏書、引受、参加引受もしくは保証した手形または甲が乙に提出した証書等または甲が電子記録債務者である電子記録債権の電子記録が、事変、災害、輸送途中の事故等やむをえない事情によって紛失、滅失、損傷、消去または延着した場合には、甲は乙の帳簿、伝票等の記録に基づいて債務を弁済するものとします。なお、乙が請求した場合には、甲は直ちに代わりの手形、証書等を提出し、または、代わりの電子記録債権について電子債権記録機関に対し、発生記録もしくは譲渡記録を請求するものとします。この場合に生じた損害については、乙の責めに帰すべき事由による場合を除き、甲が負担するものとします。

② 甲が乙に提供した担保について前項のやむをえない事情によって損害が生じた場合には、乙の責に帰すべき事由による場合を除き、その損害は甲の負担とします。

③ 万一手形要件の不備もしくは手形を無効にする記載によって手形上の権利が成立しない場合、電子記録債権の発生要件の不備により電子記録債権が成立しない場合、または権利保全手続の不備によって手形上の権利もしくは電子記録債権が消滅した場合でも、甲は手形面記載の金額または電子記録債権の債権額として記録された金額の責任を負うものとします。

④ 乙が手形、証書等の印影、署名を甲の届け出た印鑑、署名鑑と相当の注意をもって照合し、または入力されたID、パスワード等の本人確認のための情報が乙に登録されたものと一致することを乙所定の方法により相当の注意をもって確認し相違ないと認めて取引したときは、手形、証書、印章、署名、ID、パスワード等について偽造、変造、盗用、不正使用等の事故があってもこれによって生じた損害は甲の負担とし、甲は手形または証書等の記載文言または電子記録債権の電子記録に従って責任を負うものとします。

⑤ 乙の甲に対する権利の行使もしくは保全または担保の取立もしくは処分等に要した費用、および甲の権利を保全するために甲が乙に協力を依頼した場合に要した費用は、甲の負担とします。

1 総 論

本条は、主に、①銀行にやむをえない事情によって手形等や担保が滅失・損傷等した場合の取扱い、②手形要件等に不備等があった場合の取扱い、③銀行が、相当の注意をもって、手形・証書等の印影を事前に届け出た印鑑や署名鑑と照合したにもかかわらずそれらに偽造・冒用等があった場合の取扱い、④銀行の権利行使等に要した費用の取扱いに関して定めています。

本条の目的は、銀行が多数の取引先との間で大量かつ頻繁に与信取引を行っていることを考慮し、偶発的な事象によって銀行に対して生じた損害等について、銀行の危険負担を回避し責任を免除することで、銀行の債権保全を図ることにあります。

この点、本条の内容によっては、銀行の強大な経済力を背景として契約自由の名の下に、その範囲を不当に拡張するとの批判が生じえます。

したがって、その効力は合理的な範囲に制限されるべきであり、原則として、銀行に故意または過失がある場合まで銀行が免責されるものではないと解されている点に留意する必要があります。

2 1項について

(1) 本項の趣旨

本項は、銀行が債権証書を紛失・滅失等したとしても、それが銀行にとってやむをえない事情によるものである場合に、取引先はそれを理由に銀行取引に基づき負担した債務の支払を免れず、銀行の帳簿、伝票等の記録に基づいて弁済させることができるとする旨を定めています。

(2) 銀行の記録に基づく弁済の約諾（第1文）

本文は、銀行は、手形等を紛失等した場合において手形債務者に対して

権利を主張するために必要となる公示催告手続（非訟事件手続法99条）を行わず、除権決定（同法106条1項）がなくとも、権利を主張することができる旨を定めています。

　銀行がかかる権利を主張することができる場合は、手形等の紛失等が「やむをえない事情」によって生じた場合に限られます。

　ここにいう「やむをえない事情」とは、本項で示されている事情のような銀行に帰責することができない事情をいいます。具体的には、①戦争や暴動等の事変によって債権証書が紛失等の結果を招来したとき、②地震や台風、洪水、落雷等の自然現象によって債権証書が滅失等の結果を招来したとき、③郵便物として輸送中に銀行に責任を課すことのできないような客観的事象が発生したとき、等が挙げられます。

　上記以外の不可抗力の場合も、「やむをえない事情」に含まれるとされていますが、事変・災害等を原因として手形等を紛失等した場合であっても、銀行が当然の注意義務を尽くしていれば当該紛失等を回避することができた場合には、本項は適用されないと解されます。

（3）　代わり手形・証書の差入れ（第2文）

　第2文は、銀行が、紛失等した手形、証書等と同一の記載内容の代替手形・証書等を、取引先に対し、「代わりの手形、証書等」として、差入れを求めることができる旨を定めています。

　この点、銀行がやむをえない事情により手形、証書等を紛失等した場合であっても、第1文において、銀行の帳簿、伝票等の記録に基づいて債務を弁済させることができるとの規定が定められているため、第2文に基づき、代わりの手形、証書等の差入れを求める必要がないとも思われます。

　もっとも、客観的な証跡としては銀行が有する帳簿や伝票等の記録等が存在するのみであるため、取引先より当該債務についてはすべて弁済したと主張される等、後日、紛争が生じる可能性は否定することはできません。したがって、このような紛争を未然に防ぐためにも、取引先から確認的にこれらの提出を受けることが望ましいと考えられます。

なお、銀行の請求にもかかわらず、取引先が直ちに代わりの手形、証書等の差入れをしないときは、約定違反となるため、債権保全の必要性が認められる場合には、期限の利益喪失事由に該当することになります（銀行取引約定書5条2項参照）。

（4） 損害の負担（第3文）

第3文は、銀行が債権証書をその故意・過失によらないで紛失・滅失等した場合に、その生じた損害を取引先の負担とする旨を定めています。

ここにいう「この場合に生じた損害」とは、手形の滅失により中間裏書人や手形の振出人、引受人等に対して請求をすることができなくなった場合における損失、書類延着によって取引先に遅延損害金が発生した場合における当該遅延損害金、取引先が手形・証書等なしに弁済した後で求償権等の権利行使に必要となった費用等の損失等のことをいいます。

（5） 電子記録債権に関する記載の追加

現在では、手形に代わる決済手段として電子記録債権が用いられているケースがあると思われます。かかるケースに対応するため、本項において、取引先が電子記録債権の債務者である場合であって、銀行に帰責することができないような事情によって電子記録債権の電子記録が消去等されたときであっても、銀行は債権者として、銀行の帳簿、伝票等の記録に基づく弁済を受けることができるとする趣旨の規定を追加する銀行が多いと思われます。

加えて、銀行が、取引先において、消去された電子記録債権の代わりの電子記録債権について電子債権記録機関に対し、発生記録または譲渡記録を請求させることを求めることができることとする趣旨の規定を追加する銀行も多いと思われます。

なお、銀行取引約定書にかかる趣旨の規定を設けていない場合には、電子記録債権に係る取引約定書に上記と同様の趣旨の規定を設けている銀行もあるようです。

3 2項について

（1） 本項の趣旨

　本項は、銀行が取引先から担保提供を受けた物件について損害が生じたとしても、それが銀行にとってやむをえない事情によるものである場合に、その生じた損害を取引先の負担とする旨を定めています。

（2）「担保」の意義

　ここでいう「担保」とは、銀行が質権や譲渡担保の目的物件として占有・保管しているものを主に指しています。抵当権等目的物件を取引先等が自ら占有する担保権や債権質のように、銀行の占有・保管の下での紛失・損害等の問題が生じないものについては、本項の適用はありません。

　また、本項が適用されるのは、前項と同様、「やむをえない事情」によって担保に損害が生じた場合に限定されます。

4 3項について

（1） 本項の趣旨

　本項は、銀行が手形貸付や手形割引等の与信取引上受け入れた取引先の署名のある手形について、手形要件に不備があること等を原因として手形上の権利が成立しない場合や権利保全手続の不備等を原因として手形上の権利が消滅した場合であっても、取引先は、その手形に記載された金額を銀行に対して支払う責任がある旨を定めています。

（2）「手形要件の不備」の意義

　ここでいう「手形要件の不備」とは、手形法に定める手形の必要的記載事項を欠くことをいいます。なお、白地手形は補充権が行使された場合は手

形として有効であるため、ここでいう「手形要件の不備」には当たりません。

（3）「手形を無効にする記載」の意義

ここでいう「手形を無効にする記載」とは、手形の必要的記載事項について外形的には記載はあるものの、その記載として不備があること、手形に有害的記載事項が記載されること等のことをいいます。

（4）「手形上の権利が成立しない場合」の意義

ここでいう「手形上の権利が成立しない場合」とは、手形上の権利が有効に成立しなかった場合、または有効な手形が無効になる場合のいずれかのことをいいます。

（5）「権利保全手続の不備によって手形上の権利が……消滅した場合」の意義

ここでいう「権利保全手続の不備によって手形上の権利が……消滅した場合」とは、手形を支払呈示期間内に呈示しないこと、または、拒絶証書の作成が免除されていない手形について引受や支払の拒絶証書を法定期間内に作成しなかったこと等を原因として、裏書人等に対する遡求権を失った場合、または、時効の完成猶予・更新手続をしなかったために手形関係人に手形金の請求ができなくなる場合のいずれかのことをいいます。

この点、手形法45条の遡求通知（手形呈示日またはこれに次ぐ4取引日以内に自己の裏書人および手形の振出人に支払拒絶があったことを通知すること）を法定期間内にしなかった場合には手形上の遡求権を失うものではありませんが、手形上の権利行使ができない場合にも支払を拒否することをしないという本項の趣旨に鑑み、「権利保全手続の不備」に該当すると考えられているところです。

また、時効の利益をあらかじめ放棄する趣旨の特約をすることは、民法

146条に違反する可能性がありますが、本項は、銀行の手形債権に対して消滅時効が完成した場合における取引先による時効の援用をあらかじめ禁止する趣旨をも含むものとは解されておらず、民法146条に違反しないと考えられているところです。

　なお、本項で想定するような場合に銀行がとりうる対応としては、手形法85条による利得償還請求権を手形支払人か取引先に対して行使する、不当利得返還請求権を取引先に対して行使する等の方法により手形面記載の金額を回収することになるでしょう。

（6）　電子記録債権に関する記載の追加

　1項と同様に、現在では、手形に代わる決済手段として電子記録債権が用いられているケースがあり、かかるケースに対応するため、電子記録債権の発生要件の不備を原因として電子記録債権が成立しない場合または権利保全手続の不備を原因として電子記録債権が消滅した場合であっても、取引先は電子記録債権の債権額として記録された金額の責任を負うものとする趣旨の規定を追加している銀行が多いと思われます。

　なお、1項と同様に、銀行取引約定書にはかかる趣旨の規定を設けていないものの、電子記録債権に係る取引約定書に同趣旨の規定を設ける方法によって対応している銀行もあるようです。

5　4項について

（1）　本項の趣旨

　本項は、取引の大量性・集団性に鑑み、銀行が取引先の手形等の印影と取引先の届出の印鑑とを相当の注意をもって照合し、当該印影を本人のものと認めて取引した場合には、それが本人の意思に基づかなかったとしてもそれにより生じた損害は取引先が負担する旨を定めています。

　与信取引は、銀行と取引先との間の契約ですので、本来は与信取引の都

度、当該取引先の意思確認を行う必要があるでしょう。他方、与信取引の大量性・頻繁性を勘案すると、簡便かつ定型化された方法での意思確認が、実務上、要請されるところです。

　印鑑照合は、このような実務の要請に応じる簡便かつ定型化された意思確認の方法であり、本項は、印鑑照合による意思確認の実効性を担保する趣旨を有しています。

（2）「相当の注意」の意義

　印鑑照合にあたっての「相当の注意」について、最高裁は、当座勘定取引における印鑑照合が争点となった事案において、「届出印鑑の印影と当該手形上の印影とを照合するにあたっては、特段の事情のないかぎり、折り重ねによる照合や拡大鏡等による照合をするまでの必要はなく、前記のようないわゆる平面照合の方法をもつてすれば足りるにしても、金融機関としての銀行の照合事務担当者に対して社会通念上一般に期待されている業務上相当の注意をもって慎重に行なうことを要し、かかる事務に習熟している銀行員が右のごとき相当の注意を払って熟視するならば肉眼をもっても発見しうるような印影の相違が看過されたときは、銀行側に過失の責任があるものというべく、偽造手形の支払による不利益を取引先に帰せしめることは許されないものといわなければならない。」と判示しました（最判昭和46・6・10民集25巻4号492頁、金融・商事判例267号7頁）。

　もっとも、本項の定めがあったとしても、その意思表示を合理的に解釈して銀行が印鑑照合のほか、手形貸付に関し銀行として必要とされる相当の注意を尽くさない限り、免責を受けられないと解されているため、印鑑照合を相当の注意をもって行っていれば必ず免責されるものではない点に留意する必要があります。

（3）　ＩＤ、パスワード等による本人確認に関する免責規定の追加

①　概　要

デジタル化の発展に伴い、電子記録債権や、近時では電子融資取引にお

160

ける電子署名を導入している銀行が増えつつあること等から、今日の銀行取引約定書では、旧ひな型の文言に加え、ID、パスワード等による本人確認に関する免責文言を追加している銀行も多いと思われます。

たとえば、「貴行が、……入力されたID、パスワード等の本人確認のための情報が貴行に登録されたものと一致することを貴行所定の方法により相当の注意をもって確認し相違ないと認めて取引したときは、……ID、パスワード等について…不正使用等の事故があってもこれによって生じた損害は私の負担とします」といった文言等が考えられるところです。

② ＩＤ、パスワード等による本人確認における「相当の注意」の程度

このようなID、パスワード等による本人確認の方法における「相当の注意」の方法および程度について、インターネットバンキングサービス（以下「本件サービス」という）の不正操作により第三者の口座へ振込送金されたことにおける銀行の責任が問題となった事案において、東京高裁は、大要、以下のとおり判示しました（東京高判平成29・3・2金融・商事判例1525号26頁）。

・本件サービスの利用については、利用規定上、銀行が規定に記載された本人確認を実施し契約法人からの依頼として取扱いを行った場合、パスワード等に偽造、不正使用その他の事故があっても、銀行において損害賠償責任を負わない旨規定されているとしても、この規定は、銀行が当該振込請求者が権限を有すると信じたことにつき過失がある場合にまで免責を認める趣旨のものではなく、インターネットバンキングシステムを利用した振込みに際して、社会通念上一般的に銀行に期待される注意義務を尽くしている必要がある。当該インターネットバンキング利用規定において、銀行がID、パスワード等によって本人確認を実施した後に取引を行った場合はその後にID、パスワード等の不正使用があったとしても、銀行はそれによって生じた損害について責任を負わない旨が定められているが、当該振込請求者が権限を有すると信じたことにつき過失がある場合にまで免責を認める趣旨のものではなく、インターネットバンキングシステム（以下「本件システム」という）を利用した振込

に際して、社会通念上一般的に銀行に期待される注意義務を尽くしている必要がある。

・本件サービスを提供するにあたり、全体として可能な限度で、本件システムを無権限者による振込み等を排除しうるよう構築し管理していた銀行に、不正振込送金につき銀行に過失があったということはできない。

・別件の不正送金被害が生じるまで銀行のインターネットバンキングにおいて不正送金被害は生じておらず、その時点において、本件システムにサイバー攻撃や情報漏洩等の形跡がないことが確認され、銀行側の原因を疑うべき事情はなく、被害を受けた顧客側の原因の有無を調査すべき状況にあったなど判示の事情の下では、銀行において、インターネットバンキングの都度振込みの停止措置をとるべき義務があったとはいえず、また、利用者に対し不正送金被害が発生した事実を告知する義務を負うものとはいえない。

　この点、従前、最高裁は、無権限者による機械払いの方法による預金の払戻しについての銀行の過失の有無は、預金者に対する当該機械払システムの採用の明示を含め、機械払システムの設置管理の全体について判断すべきものであること、また、銀行が無過失であるというためには、この設置管理について、可能な限度で無権限者による払戻しを排除しうるよう注意義務を尽くしていたことを要するという立場をとっており（最判平成15・4・8民集57巻4号337頁、金融・商事判例1170号2頁）、前記判決もかかる考え方を踏襲したものと解されます。

　前記判決はインターネットバンキングサービスに関するものですが、ID、パスワード等による本人確認という点では、本項における「相当の注意」の方法および程度を検討するうえで参考になるものと思われます。

　したがって、ID、パスワード等を利用した本人確認における「相当の注意」が尽くされたかの判断にあたっては、当該ID、パスワード等を利用したシステムに関して、その当時における技術水準に照らして現実的に対応可能なシステムの維持・管理がなされているか等といった点に留意する必要があると思われます。

6　5項について

（1）　本項の趣旨

本項は、債権保全や担保権実行、債権取立等に要した費用は、取引先の債務不履行等が原因となって生じた費用であることに鑑み、その分は取引先が負担すること、取引先の依頼により銀行が取引先の権利保全に協力した場合の費用も取引先が負担すべきである旨を定めています。

（2）　対象となる費用の例

債権取立のための出張費用、印紙・郵便切手代、不動産登記事項証明書の取得費用、担保不動産・担保有価証券の換金、処分に要した費用等が含まれると考えられます。

なお、取引先との間で訴訟になった場合における銀行の弁護士費用が含まれるかが問題となりますが、実務上は弁護士費用まで取引先に負担させることには消極的なようです。

▌事例解説

Q 1　　既往の取引先であるA社の経理部長bがX銀行R支店に来店し、X銀行R支店の融資担当者であるcは、bから証書貸付の申込みを受けました。cは、かかる申込みに関して稟議の承認を得たため、bに対し、金銭消費貸借契約書への署名・押印を依頼したところ、bから社判およびA社代表取締役aの捺印のある金銭消費貸借契約書を受領しました。X銀行R支店の熟練した融資担当事務員であるdの肉眼による平面照合の方法により届出印鑑の印影と金銭消費貸借上の印影との照合を実施したところ、届出印鑑の印影と金銭消費貸借契約書上の印影との一

致を確認し、融資を実行しました。ところが、実際は、ａは、かかる融資を承知しておらず、社判や捺印はｂが３Ｄプリンターを用いて偽造したものでした。ｂは、かかる融資金全額を払い戻したうえで、音信不通となってしまいました。

この場合において、Ｘ銀行は、Ａ社に対して本融資金全額の支払を求めることは可能でしょうか。

A1 　Ｘ銀行は、Ａ社に対して、本融資金全額の支払を求めることは可能であると考えられます。

──── **解　説** ────

❶ 表見代理の成否について

ｂは、Ａ社を代表する権限を有していないため、原則として、Ａ社とＸ銀行との間の金銭消費貸借契約は、ｂによる無権代理行為として、無効となります（民法113条）。また、Ａ社は融資金を利得していないため不当利得として本融資金の返還を求めることはできません。

もっとも、従前より、経理部長ｂには一定程度の貸付を申し込む権限が認められていた等の事情があり、表見代理の成立が認められれば、Ｘ銀行は、Ａ社に対して本融資金全額に関する責任を請求することができます（民法109条・110条）。

❷ 免責条項の適用について

仮に、表見代理が成立しなかった場合であっても、本条４項を適用することにより、Ｃ銀行は、Ａ社に対して本融資金全額の支払を求めることができるかが問題となります。前述の５（２）に記載のとおり、印鑑照合の際の「相当の注意」について、届出印鑑の印影と当該手形上の印影とを照合するにあたっては、特段の事情のないかぎり、折り重ねによる照合や拡

大鏡等による照合をするまでの必要はなく、いわゆる平面照合の方法を
もってすれば足りると考えられています。

　また、かかる平面照合については、銀行の照合事務担当者に対して社会
通念上一般に期待されている業務上相当の注意をもって慎重に行うことを
要し、かかる事務に習熟している銀行員が相当の注意を払って熟視するな
らば肉眼をもっても発見しうるような印影の相違が看過されたときは、銀
行側に過失の責任があるとされています。

　本件では、届出印鑑の印影と３Ｄプリンターを用いることにより偽造さ
れた印鑑によって作出された印影とを平面照合の方法により一致すること
を確認しており、意思確認の方法としては十分であると考えられます。加
えて、印鑑照合事務について相当に熟練した銀行員であるｄによって当該
平面照合について慎重に行われた結果、その相違を判別することができな
かったのであれば、かかる平面照合をもって「相当の注意」をもって照合
したと評価することができると思われます。

　したがって、Ｘ銀行は、本条４項を適用することにより、Ａ社に対して
本融資金全額の支払を求めることは可能であると考えられます。

Q 2　　　　Ａ社とＸ銀行Ｒ支店との間でインターネットバンキングを用
いた取引がありました。Ｘ銀行ではインターネットバンキング
の利便性向上のために２段階認証を廃止し、ログインIDおよ
びパスワードの一致のみで本人確認を実施していました。とこ
ろが、第三者が、不正に入手したＡ社のインターネットバンキ
ングへのログインIDおよびパスワードを用いて、インターネッ
トバンキングへアクセスしたうえで、Ａ社の代表者であると騙
り、オンライン完結型の融資の申込みを実施し、不正に融資金
を詐取しました。かかる場合において、Ｘ銀行は、Ａ社に対し
て本融資金全額の支払を求めることは可能でしょうか。なお、
Ｘ銀行の銀行取引約定書では、「乙が、入力されたID、パス
ワード等の本人確認のための情報が乙に登録されたものと一致

することを乙所定の方法により相当の注意をもって確認し相違ないと認めて取引したときは、ID、パスワード等について偽造、変造、盗用、不正使用等の事故があってもこれによって生じた損害は甲の負担とし、甲は手形または証書等の記載文言または電子記録債権の電子記録に従って責任を負うものとします。」との定めがありました。

A2 X銀行は、A社に対して、本融資金全額の支払を求めることができる可能性は高くはないと考えられます。

--- 解 説 ---

❶ 原 則

当該第三者は、A社を代表する権限を有していないため、原則として、A社とX銀行との間の金銭消費貸借契約は、当該第三者による無権代理行為として、無効となります（民法113条）。また、A社は本融資金を利得していないためX銀行は不当利得として返還を求めることはできません。

❷ 免責条項の適用について

この場合、X銀行の銀行取引約定書を適用することにより、X銀行は、A社に対して本融資金の支払を求めることができるかが問題となります。

前記の5（3）②に記載のとおり、X銀行の銀行取引約定書において、「乙が、入力されたID、パスワード等の本人確認のための情報が乙に登録されたものと一致することを乙所定の方法により相当の注意をもって確認し相違ないと認めて取引したときは、ID、パスワード等について偽造、変造、盗用、不正使用等の事故があってもこれによって生じた損害は甲の負担とし、甲は手形または証書等の記載文言または電子記録債権の電子記録に従って責任を負うものとします。」と定められていたとしても、この

規定は、銀行が融資を現実に申し込んだ者が権限を有すると信じたことにつき過失がある場合にまで免責を認める趣旨のものではなく、インターネットバンキングシステムを利用した銀行取引に際して、社会通念上一般的に銀行に期待される注意義務を尽くしている必要があると考えられることになるでしょう。

　加えて、インターネットバンキングサービスを提供するにあたり、全体として可能な限度で、インターネットバンキングサービスを無権限者による銀行取引を排除しうるよう構築し管理していなかった場合には、当該銀行取引について、銀行に過失があったと評価される可能性は否定することはできません。つまり、本件では、インターネットバンキングサービスを提供するにあたって、あえて２段階認証を廃止し、当該ID、パスワードの一致のみを確認する方法が、その当時における技術水準に照らして、無権限者による銀行取引を排除するにあたって現実的に対応可能な範囲でのシステムであったと評価することができるか等といった点がポイントになると思われます。

　ここでいう、２段階認証とは、利用者の認証を行う際に、異なる２つの情報や方式を用いた認証を組み合わせる方式のことをいい、２回続けて認証を行い、両方にパスしたときのみ確かに本人であると確認されることになります。

　現在、２段階認証は、インターネットバンキングを利用する際の本人確認手段として、多くの金融機関に導入されている技術であり、それにもかかわらず、２段階認証を利用しないX銀行のインターネットバンキングに係るシステムは、現時点における技術水準に照らして、現実的に対応可能な限度で、無権限者による銀行取引を排除できるシステムであったと評価される可能性は高くはないと思われます。

　したがって、X銀行は、自行の銀行取引約定書を適用することにより、A社に対して融資金全額の支払を求めることができる可能性は高くはないでしょう。

第13条（届出事項の変更）

① 甲は、その名称、商号、代表者、住所その他乙に届け出た事項に変更があった場合には、直ちに乙の定める方法により乙に届け出るものとします。

② 甲が前項の届出を怠る、あるいは甲が乙からの請求を受領しないなど甲の責めに帰すべき事由により、乙が行った通知または送付した書類等が延着しまたは到達しなかった場合には、通常到達すべき時に到達したものとします。

1 総 論

本条は、与信取引における共通条項の1つと位置付けられます。取引先が銀行に対して届け出ていた事項に変更があった場合、取引先は、直ちに銀行が指定する方法でその変更内容を通知すべきことと（1項）、その義務を怠ったときなどはいわゆる「みなし到達」の効果が生じることを規定しています（2項）。

2 1項について

銀行は、与信取引の開始にあたって、取引先の名称、商号、代表者名、住所や取引に使用する印章など、取引に必要な事項の届出を求めています。また、取引先の実在や同一性の確認のため、商業・法人登記簿謄本（登記事項証明書）（注1）や印鑑証明書（注2）の提出が求められます。

こうした事項の届出は、取引の安全の確保および銀行と取引先間との適時かつ確実な連絡を可能にするために不可欠な前提を構築するものといえます。そして、こうした情報に変更が生じたにもかかわらず速やかにその情報が更新されなければ、取引の安全が脅かされます。また、銀行から取引先に対する通知や書類の送付が確実に行うことができないことにより、銀行のみならず取引先にとっても不利益が生じる可能性があります。

そこで、本条１項では、これらの届出事項に変更があった場合に、銀行に対して、銀行の指定する方法で直ちに届け出ることを義務付けています。

　事業法人間の取引においても、取引の安全確保などのために登記事項証明書等の提出を相手方に求めることがあるところ、銀行の与信取引においては一層その必要性は高く、このような義務を課すことは不当ではないと考えられます。

　また、銀行への届出事項はいずれも重要なものである一方、変更が生じた際の届出に多大な手間を要するものではないのではありません。したがって、時的要素の表現のうち、もっとも即時を意味するとされる「直ちに」という表現を用いていますが、これは旧ひな型11条１項（注３）や、メガバンク３行の現行の取引約定書と同様です。

　旧ひな型・メガバンク３行の取引約定書とも、届出すべき事項の筆頭に「印章」を挙げています（外国為替取引等で署名鑑を徴求する場合を想定して「署名」を加えている銀行もある）。新型コロナウイルスの感染拡大をも背景とする社会全体の急速なデジタライゼーション・オンライン化と、その要請を後押しする政府の規制改革実施計画（令和２年７月17日閣議決定）を受けて金融庁が金融界と共に設置した検討会が公表した「書面・押印・対面手続の見直しに向けた論点整理」（同年12月25日、以下「論点整理」とする）の記載や、同計画を受けて公表された電子契約サービスと電子署名法上の要件の整理（注４）を受け、銀行取引において電子契約の普及や脱書面・脱印鑑の流れが加速するとみられることから、取引の開始にあたって、銀行が取引先に対し、取引印の届出を求めないケースも急速に増えてくることが想定されます。

　そこで、本条項では、明示的な届出事項として「印章」を挙げていません。もちろん、印鑑を用いた取引を行っている場合には「その他乙に届け出た事項」に印章が含まれます。また、「その他乙に届け出た事項」には、本項に明示された名称・商号・代表者・住所以外の、電子メールのアドレスや電話番号など、銀行が取引開始にあたって届出を求めた事項が含まれています。どのような事項に届出義務があるとするかは、与信取引におけ

る必要性との関係で合理的な範囲において、銀行に裁量があるといえるでしょう。

　届出の方法は、旧ひな型・メガバンク３行の取引約定書では「書面により」と限定しています。これは、事務処理上誤りがないようにし、さらには後日の紛争を防ぐためです（天野佳洋監修『銀行取引約定書の解釈と実務』232頁〔安東克正〕）。オンラインでの届出を可能とする銀行が増えるであろうことを見すえ、本条項では「乙の定める方法により」届け出ると規定していますが、事務処理上の過誤防止、後日の紛争防止の観点から、銀行がこれらの観点にかなった方法を定めておく必要があります。

　付言すれば、取引先には、取引開始のときはもちろん、変更があったときにそれを銀行に届け出る義務はありますが、エビデンスの提出については、銀行側で確認できるものについてはそれにより代替してもよいといえます。「論点整理」の例示（同９頁）では、銀行において登記情報提供サービスを利用して登記情報を取得することにより、法人の預金口座開設時の登記事項証明書提出を代替することが例示されており、参考になります。

　また、取引先にエビデンスを提出させる場合も、改ざんの可能性は当然検討すべきではあるものの、物理的な書面ではなく、できる限りデータによる提出を許容することが望ましいといえます。対面取引からオンライン取引への移行が要請されていることからすれば、銀行は積極的にそのような対応をすべきといえるでしょう。

　なお、取引先が変更の届出を怠るなど、自らの責めに帰すべき事由により行方不明となった結果、銀行から見て取引先が所在不明となった場合には、期限の利益の当然喪失事由とされています（本約定書５条１項４号、旧ひな型５条１項４号）。

　さらに、印章を変更したにもかかわらず銀行にその届出がされていない場合、旧印章を他人（従業員や旧経営陣などを含む）が冒用し、取引を行う可能性があります。そうした場合、取引先がその負担を負わなければいけないことがあるにも留意すべきでしょう（本約定書12条４項、旧ひな型

10条4項）。

(注1) 犯罪による収益の移転防止に関する法律に基づく取引時確認資料と重なるが、ここでは、与信取引における取引先確認の必要性の観点で論じている。

(注2) 令和3年2月に設立登記における印鑑届出の任意化が開始された後は、印鑑登録のない法人が登場してくる。その場合、印鑑証明書の代替として商業登記電子証明書を使用することが想定されている。商業登記電子証明書は、登記所が法人の代表者に対して発行する電子証明書であり、登記所が管理する登記情報に基づいて登記官が証明を行う。会社・法人等の代表者の「本人性」、「法人格の存在」、「代表権限の存在」が公的に認証される。

(注3) 旧ひな型は以下のとおり。

第11条（届け出事項の変更）

①　印章、名称、商号、代表者、住所その他届け出事項に変更があったときは、直ちに書面によって届け出をします。

②　前項の届け出を怠ったため、貴行からなされた通知または送付された書類等が延着しまたは到達しなかった場合には、通常到達すべき時に到達したものとします。

(注4) 総務省・法務省・経済産業省「利用者の指示に基づきサービス提供事業者自身の署名鍵により暗号化等を行う電子契約サービスに関するQ&A」（令和2年7月17日）、「利用者の指示に基づきサービス提供事業者自身の署名鍵により暗号化等を行う電子契約サービスに関するQ&A（電子署名法第3条関係）」（令和2年9月4日）。

3　2項について

本条2項は、取引先が1項の届出を怠るか、銀行から郵送された書面を受領しないなどの取引先に帰責性のある事由によって、銀行からの通知や送付書類が延着または不着に終わったとしても、通常到達すべき時に到達したものとみなすことを定めます。これは「みなし到達（送達）」条項と

呼ばれています。

「みなす」とは、反証を挙げても定められた効果が覆されないこと、すなわち、通知等が実際に到達していなかったとしても、通知または書類の送付によって生じた法律効果を争うことはできないという意味です。銀行は、通知または書類を送付したという事実だけを立証すればよく、相手方はそれらが届かなかったことを証明しても効果を覆せません。

これは、多数の取引先を持つ銀行において、取引先の移転先などの追跡する負担を免れさせることと、取引先が故意または過失で郵送物を受領しない場合に公示送達（後述）を行う必要がないということの、いずれも重要な意義を持ちます。

旧ひな型11条2項は、注3のとおり、住所等の変更届出を怠ったことによる不着・延着のみを対象とするかのような書き振りですが、実際には、与信取引に係る大量の事務を迅速に処理するという本項の趣旨からすると、届出の住所に変更はないが取引先が一時的に行方をくらましているような場合にも同項が適用されると解されていました（全国銀行協会連合会法規小委員会編『新銀行取引約定書ひな型の解説』167頁）。

みずほ銀行・三井住友銀行の現行約定書は、取引先が届出義務を怠った場合に限らず、取引先に責めに帰すべき事由のある場合にはみなし到達の効果を発生させるとし、さらに三菱UFJ銀行では例示として「甲が乙からの請求を受領しない」ことを明記しています（注5）。

本条項では、各銀行のこうした検討を踏まえつつ、後記のとおり民法97条2項が新設されるに至った立法事実も踏まえ、取引先の責めに帰すべき事由一般をみなし到達の対象とするともに、通知を受領しない場合を例示として明記しています。

実務的には、取引先が行方不明となった場合には移転先を調査することが一般的です。しかし、調査が不奏功に終わっても、本項により、銀行はその負担を負わなくてもよいことになります。また、経営が悪化した取引先などでは意図的に郵便物を受領しないような態度に出ることがありますが、そのような場合にも通知等の効果が生じさせることができます。

「通知」には事務処理の報告や事務連絡のようなものもありますが、重要なのは期限の利益喪失通知、割引手形の買戻しの請求などの法律上の効果のある意思表示と、相殺通知などの形成権の行使に係るものです。

　取引先の経緯状態が悪化し、債権回収を図るべく預金との間で相殺を行うには、期限の利益の喪失により相殺適状（双方の債務が弁済期にあること。民法505条1項）を作出し、通知により相殺の意思表示を行う（同法506条1項）必要がありますが（本約定書5条および7条の解説を参照）、取引先が行方不明等であってもこれらの効果が取引先自身との間では発生することになります。

　「書類」には、各種の事務処理の報告書のようなもののほか、契約書や相殺した手形等も含まれます。

　当然のことではありますが、みなし到達規定の効力を援用するには、到達しないことがわかっていても、実際に通知や書類を発送する必要があります。また、「通常到達すべきであった時」を立証するためにも、発信日付等が明らかになるような方法を講じておくべきです。

　　　（注5）メガバンク各行の現行約定書は以下のとおり。
　　　（みずほ銀行）5条3項
　　　　前項の届け出を怠るなど甲の責めに帰すべき事由により、乙が行った通知または送付した書類等が延着しまたは到達しなかった場合には、通常到達すべき時に到達したものとします。
　　　（三井住友銀行）5条3項
　　　　前項の届け出を怠るなど甲の責めに帰すべき事由により、乙が行った通知または送付した書類等が延着しまたは到達しなかった場合には、通常到達すべき時に到達したものとします。
　　　（三菱UFJ銀行）5条3項
　　　　甲が前項の届け出を怠る、あるいは甲が乙からの請求を受領しないなど甲の責めに帰すべき事由により、乙が行った通知または送付した書類等が延着しまたは到達しなかった場合には、通常到達すべき時に到達したものとします。

4　みなし到達の第三者効および本条 2 項と現行民法97条 2 項との関係　▪▪▪▪▪▪

（1）　第三者効について

　通説では、本項のみなし到達規定の効力は、取引先以外の第三者に対抗できないとされており（いわゆる対外効否定説）、現在の銀行実務もこの考え方に立っていると思われます。

　東京高裁昭和58年 1 月25日判決（金融・商事判例681号 6 頁）は、「相殺の意思表示が到達したものと擬制する特約……は、すくなくとも第三者に対抗し得ないと解するのが相当とする」とし、「このように解しても、相手方が所在不明の場合には民法97条の 2 （筆者注：現在の98条）の公示による意思表示をすることができるものであるから難きを強いるものではなく、また、たまたま不在の場合にまで右特約によることは相当でない」としています。（そのほかに、信用金庫取引約定書に関するものとして、東京高判昭和53・ 1 ・25金融・商事判例546号17頁）。

　相殺の意思表示については以上のとおりですが、それ以外の意思表示が第三者に対抗できるかどうかは必ずしもはっきりしません。

（2）　現行民法97条 2 項との関係

　もっとも、令和 2 年に施行された現行民法では、97条 2 項に「相手方が正当な理由なく意思表示の通知が到達することを妨げたときは、その通知は、通常到達すべきであった時に到達したものとみなす」という条文が新設されました。これは、表意者と相手方との公平の見地から到達の擬制を定めたものであり（筒井健夫＝村松秀樹『一問一答　民法（債権関係）改正』25頁）、銀行取引約定書と同じ考え方が法律上明文化されたものといえます。

　それでは、銀行取引約定書の当該条項（本約定書13条 2 項、旧ひな型11条 2 項）の存在意義はもはやないのでしょうか。検討すべきは「正当な理由なく……到達することを妨げた」という要件を充足するかです。

「正当な理由なく」という要件には、故意に限らず、何らかの過失により到達しなかった場合を含みます。旧法下の判例では、意思表示の通知が不在返戻された事案で、受取人が郵便内容を十分に推知できたであろうこと、受領の意思があれば容易に受領できたことなどの事情から、社会通念上、当該意思表示は領知可能な状態に置かれ、遅くとも留置期間が満了した時点で受取人に到達したものと認められるとしたものがあり（最判平成10・6・11民集52巻4号1034頁、金融・商事判例1058号19頁）、このようなケースは、民法97条2項の射程であることは明白です（筒井＝村松・前掲25頁）。

一方、本約定書13条1項による届出義務があるにもかかわらず、それをしないままに長期間不在にした程度では、上記の民法97条2項の要件を満たさないと判断される可能性もあります。したがって、銀行取引約定書の規定の方がみなし到達を可能にする事案の範囲が広いと考えられ、本項の意義は依然として存在しています。

他方、民法の規定により到達が擬制される場合には、第三者効があるものと考えられます。銀行取引約定書のみなし到達規定は、当事者間の合意によって意思表示の効力発生を擬制するものであるから合意の当事者間でのみ効力を有すると解されるのに対し、民法の意思表示の規律による効果は表意者・相手方以外の者に対して及ぶとするのが妥当だからです（辻岡将基＝石川晃啓「銀行取引約定書からみる債権法改正9・完　第11条②、第12条、第13条、第14条、その他」金融法務事情1984号128頁）。

よって、民法97条2項の要件を満たす場合は、公示送達の手続を経ずとも第三者に効力を主張できます。

（3）　まとめ

上記のとおり、民法97条2項の要件を満たすケースでは、銀行から通知・書類を発送しておけば、その効力を取引先および第三者に主張できます。

一方、民法の要件を満たさないか、立証に困難があると思われるケース

では、銀行取引約定書に基づくみなし到達の効果を主張することになりますが、基本的に、取引先およびその承継人のみにしか主張できないと考えるべきです。

▌事例解説

Q 　Ｘ銀行の融資先Ａ社が営業の廃止を表明したとの情報が入りました。期限の利益の当然喪失事由に当たると判断し、Ａ社および連帯保証人である代表者ａが当行に有する預金との相殺通知を配達証明付き内容証明郵便で届出住所に発状しましたが、保管期限経過で郵便局から返送されました。銀行取引約定書13条２項により相殺通知は本来到達すべき時期に到達したとみなされるのですから、これ以上の手当ては不要でしょうか。

A 　銀行取引約定書のみなし到達規定による相殺通知の効果は、第三者に対抗できないと考えられています。したがって、他の債権者や税務当局等がＡ社およびａの預金の差押えを図った場合について、どうなるかを検討しておく必要があります。

=== 解　説 ===

　民法97条２項は「相手方が正当な理由なく意思表示の通知が到達することを妨げたときは、その通知は、通常到達すべきであった時に到達したものとみなす」という規定を設けています。

　条文の解説で述べたとおり、銀行取引約定書の定めは当事者間では有効であるものの第三者にはその効力を主張できないのに対し、民法の定めに基づく意思表示の擬制は第三者にも対抗できると考えられます。したがって、同条の要件を満たす場合は（具体的には４（２）を参照）、相殺の効

力を第三者に主張できます。

　この事例では、A・B宛の内容証明郵便が返送された理由、簡単にいえ
ば、通知を受領しようと思えばできたのにしなかったといえるかを検討す
る必要があるでしょう。

　では、上記検討の結果、民法の要件を満たさず、銀行取引約定書13条2
項に頼らざるをえないとなった場合はどうでしょうか。A社およびaの預
金との相殺により回収できる額が相当なのであれば、公示送達の方法を検
討すべきでしょうか。

　この点、相殺と差押えに関する無制限説が実務上定着し、現行民法511
条に明記されています。また、相殺には遡及効があります（民法506条2
項）。したがって、他の債権者が預金を差し押さえただけであれば、その
後に相殺の意思表示をしても、銀行が優先すると考えられるのです。

　例外として、債権者BがA社およびaの預金を差し押さえ、かつ転付命
令を得たうえで（転付債権者という）、B自身がX銀行に対して負う貸金
債務や回り手形債務との間で、相殺の意思表示（いわゆる逆相殺の一種）
を行う場合があります（顧客が逆相殺を行うことそのものの妥当性につい
ては、本書8条の解説を参照）。

　この場合には、先に相殺の意思表示をした者が優先するとされています
（最判昭和54・7・10民集33巻5号533頁、金融・商事判例582号3頁）。こ
うした債権者Bのような者がいると考えられ、かつ、民法97条2項の要件
を満たさないと思われるときに限って、公示送達の手続を検討すればよい
といえます。

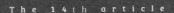

第14条（報告および調査）

① 甲は、貸借対照表、損益計算書等の甲の財産、経営、業況等を示す書類を、定期的に乙に提出するものとします。
② 甲の財産、経営、業況等について乙からの請求があったときは、甲は、遅滞なく報告し、また調査に必要な便益を提供するものとします。
③ 甲の財産、経営、業況等について重大な変化を生じたとき、または生じるおそれのあるときは、甲は乙に対して遅滞なく報告します。

1 総論

　銀行の与信取引は、相互の高度な信頼関係に基づくものです。したがって、継続的な取引である場合は当然、1件だけの融資取引だけである場合でも、取引先の信用状況を確認できる状態を保つ必要があり、それは公共性を有する銀行の業務の健全かつ適切な運営（銀行法1条）の基礎を構成するものといえます。

　すなわち、既往融資の債権保全は当然、取引先との関係を深め、近時、政策的な要請の強まっているコンサルティング機能の発揮や、経済不況下での企業に対する強力な資金繰り支援などを実行していくには、取引先から財務書類等の提出を受けることが必須であり、本条は、銀行において適正な運営がされる限りにおいては、取引先に対して酷な条項ではないと考えられます。

2 1項、2項について

　1項は、取引先が定期的に銀行に対して書類を提出すべきことを定め、2項は、銀行からの請求があれば取引先が報告と便益提供をすることを定めています。

　旧ひな型では、1項において「請求があったときは」とのみ定めていま

すが（注１）、実務上は請求がなくても定期的な提出が行われている実態を踏まえ、各メガバンクの銀行取引約定書は旧ひな形の１項を２つの項に分離した規定振りとしており（注２）、本条項もそれを踏襲しています。

　会社は、会計帳簿に基づき、事業年度ごとに計算書類として貸借対照表と損益計算書、株主資本等変動計算書および個別注記表を作成する義務があり（会社法435条１項・２項、会社計算規則59条）、これらの財務書類に加えて、法人税法上の確定申告書（同法２条31号・74条）などの申告書類を作成することが義務付けられています。

　１項において、定期的な提出が求められるものとする「貸借対照表、損益計算書等の甲の財産、経営、業況等を示す書類」とは、こうした書類が該当します。また、会社が連結計算書類を作成している場合（会社法444条１項・３項）はそれらも対象となります。会計監査人設置会社であれば会計監査報告書、金融商品取引法により有価証券報告書の作成が義務付けられる法人であれば（同法24条）、有価証券報告書が含まれます。

　そして、会社の経営状況や銀行との関係によっては、中期経営計画や年次の資金繰り計画等も、定期的に提出すべき書類に含まれると解されます。また、取引先が会社ではない場合であっても、一般社団法人法に基づいて作成される計算書類などが対象になることはいうまでもありません。

　なお、メガバンクのうち２行の取引約定書では書類の「写し」を提出すべきこととされています。書類の原本は会社に備え置かれ、または税務署に提出されていること等を反映したものと考えられます。

　もっとも、取引先の粉飾決算は一定の確率で発生するものであり、近時も、中小企業における粉飾決算の増加が、地方銀行の与信費用増加を招いています。こうした事態を回避し、未然に取引先を牽制するためにも、銀行の融資担当者としては原本の確認を励行すべきとの指摘があります（天野佳洋監修『銀行取引約定書の解釈と実務』236頁〔安東克正〕）。

　２項は、銀行からの請求があったとき、取引先は財産、経営、業況等について報告する義務と、調査についての便益を提供する義務を定めています。

　前者の典型例は、融資の審査をするために必要な資料としての試算表や資金繰り表ですが、中間管理のために月次の収支計画や資金繰り表等の提出も求めることも、2項で根拠付けられます。報告すべき内容は、銀行の裁量によって決定されますが、与信取引の維持に必要な範囲に限定されることは当然と考えられます（なお、三井住友銀行の約定書では「調査に必要な範囲において」という文言を、報告義務にもかかる位置に置き、この点を明確にしている）。

　後者の「調査に必要な便益」とは、工場や事務所の内覧、諸帳簿の記載内容について説明することなど、信用調査に必要な一切の便宜を図ることを意味するとされています（全国銀行協会連合会法規小委員会編『新銀行取引約定書ひな型の解説』182頁）。しかし、銀行としては、報告と同様、調査もあくまで与信取引の維持に必要な程度に限定されることを前提に、権利の濫用にわたらないように社会通念・良識によって自制すべきです（鈴木禄弥編『新版注釈民法（17）債権（8）』460頁〔中馬義直〕）。銀行には、本条項に基づく権利はあるとしても、これらを取引先に強制する権限はなく、取引先を説得して任意に応じてもらわなければなりません。

　これらの報告・調査協力義務に対する不履行は、どういった効果をもたらすのでしょうか。銀行と取引先の間の取引約定に反したわけですから、請求による期限の利益喪失事由（5条2項3号）に形式的には該当しそうですが、単なる不履行で期限の利益を喪失させることは権利濫用とされる可能性があります。

　まずは、取引の継続に不安を生ずるようであれば、事後の新たな与信行為を止めることは妥当と考えられます。そして、銀行からの正当な請求があったにもかかわらず、取引先が所要の報告をなさないこと、さらには重要な事実の故意の秘匿、調査妨害、調査への非協力などによって、銀行と取引先の間の信頼関係がまったく失われた場合は、一切の債務について期限の利益を喪失させることができると解するのが妥当でしょう（鈴木編・前掲460頁〔中馬〕）。

　また、旧ひな型では、請求があれば「直ちに」報告し、調査に必要な便

益を提供するする義務があるとしていますが、本条項では「遅滞なく」としています。みずほ銀行の約定書は「直ちに」、三菱UFJ銀行は「遅滞なく」、三井住友銀行は時的限定がありません。

「直ちに」「遅滞なく」とも、遅滞によって義務違反とすることが通例ですが、「遅滞なく」は「直ちに」と比して即時性が弱く、正当な理由または合理的な理由による遅滞は許されると解されているようです。

この点、「直ちに」では、少しの遅れも債務不履行を構成しうるとも解されるところ、報告書面を整え、また立入調査などの便益を提供する等の義務の性質に鑑みれば、「遅滞なく」が妥当ではないかと考えられます。

（注1）旧ひな型は以下のとおり。

　　　第12条（報告および調査）

　① 財産、経営、業況について貴行から請求があったときは、直ちに書面によって届け出をします。

　② 財産、経営、業況について重大な変化を生じたとき、または生じるおそれのあるときは、貴行から請求がなくても直ちに報告します。

（注2）メガバンク各行の現行約定書は以下のとおり。

　　　（みずほ銀行）第16条（報告および調査）

　1 甲は、貸借対照表、損益計算書等の甲の財産、経営、業況等を示す書類を、定期的に乙に提出するものとします。

　2 甲は、乙から請求があったときは、財産、経営、業況等について直ちに乙に対して報告し、また調査に必要な便益を提供するものとします。

　3 甲の財産、経営、業況等について重大な変化を生じたとき、または生じるおそれのあるときは、甲はその旨を直ちに乙に対して報告するものとします。

　　　（三井住友銀行）第16条（報告、調査等）

　1 甲は、貸借対照表、損益計算書等の甲の財務状況を示す書類の写しを、定期的に乙に提出するものとします。

　2 甲は、乙による甲の財産、経営、業況等に関する調査に必要な範囲において、乙から請求があった場合には、書類を提出し、若

しくは報告を為し、また便益を提供するものとします。

3　甲は、その財産、経営、業況等について重大な変化が生じたときは、乙に対して報告するものとします。

（三菱UFJ銀行）第12条（報告および調査）

1　甲は、貸借対照表、損益計算書等の甲の財務状況を示す書類の写しを、定期的に乙に提出するものとします。

2　甲の財産、経営、業況等について乙からの請求があったときは、甲は、遅滞なく報告し、また調査に必要な便益を提供するものとします。

3　甲の財産、経営、業況等について重大な変化を生じたとき、または生じるおそれのあるときは、甲は乙に対して遅滞なく報告します。

3　3項について

　3項は、銀行からの請求がなくても、取引先の信用状況に影響を与えるような重大な変化が生じたとき、または生じるおそれのあるときは、取引先は自ら銀行にその内容を報告する義務があることを定めています。

　「重大な変化」とは、銀行と取引先との信頼関係に影響を及ぼすような、あるいは債権保全上、今後も取引を継続することを継続することを検討し直さなければならないような変化と解されています。

　具体例としては、取引先の破綻、重要な財産の罹災、経営上重要な人物の死亡、会社の合併・会社分割・営業譲渡あるいは譲受、従業員のストライキ、法令に抵触するようなコンプライアンス違反およびそれに対する刑事処分などがあるとされます（天野監修・前掲237頁〔安東〕）。

　近時、法令違反とはならなくとも、個人情報やそれに関連するデータの取扱いなどを筆頭として、不祥事に関する企業のレピュテーションリスクが高まっていることを踏まえれば、そうした事象の発生も「重大な変化を生じるおそれのあるとき」に含むとも考えられます。また、取引先の株主構成の大幅な変更や、多額の損害賠償請求訴訟を提起された（または、提起される可能性が高まった）場合なども、これに該当するといえます。

こうした事情が発生したにもかかわらず銀行への報告を怠っているとき
は、銀行と取引先の間の取引約定に反し、請求による期限の利益喪失事由
（本約定書５条２項３号、旧ひな型５条２項３号）に該当します。本条２
項についての解説と異なるのは、こういった変化の発生自体が、「乙（銀
行）の債権保全を必要とする相当の事由が生じたとき」（同項５号）に該
当する可能性も高いという点です。

　したがって、本項違反を理由として直ちに期限の利益を喪失させるとい
うより、変化を理由に債権保全の必要性が高まったとして、取引先の状況
の把握・モニタリングに努めつつ、それでも事態が好転しなかったり、取
引先の銀行に対する協力姿勢が見られないような場合には、債権回収を図
ることが実務に即した対応であると考えられます。

▌事例解説

Q1　　銀行取引約定書14条２項は、銀行からの請求によって取引先
が財産、経営、業況等について報告する義務、３項は取引先が
自発的に銀行に対して報告する義務を課していますが、具体的
な適用局面はどう違うのでしょうか。

A1　　２項は平時、３項は有事の条項と考えられますが、有事で
あっても２項を用いることは可能です。

──────── 解　説 ────────

　端的にいえば、本書条文案の２項は平時、３項は有事の条項ですが、当
然ながら、有事であっても２項に基づく報告や調査協力の請求をすること
は可能と考えられます。取引先が３項の義務を懈怠すると、２項による銀
行の請求を待たずに、期限の利益の請求喪失事由となりえます。

　さらに、３項の義務違反が明らかになったときは、銀行は、債権保全の必要性が高まったとして、たとえば、相殺による回収に備えて取引先の預金の拘束を行うことも含めた対応を考えることにもなりえます。もっとも、そういった対応に踏み切る場合も、自発的な報告義務違反とあわせ、変化の発生自体による債権保全の必要性（本約定書５条２項５号、旧ひな型５条２項５号）も理由とすることが多いと思われます。

　すなわち、預金拘束の適法性については、結局のところ債権保全の必要性があるかどうかメルクマールになると実務的に考えられているので、（東京地判平成19・３・29金融・商事判例1279号48頁、東京高判平成24・４・26金融・商事判例1408号46頁など。天野監修・前掲137頁〔安東〕、日本組織内弁護士協会監修『銀行員のためのトラブル相談ハンドブック』129頁）、本条違反だけを理由とすることは妥当でないといえるからです。

Q2　　X銀行の与信先Ａ社から、Ａ社が従来から取引のあったＢ社（Ａ社に比べると小体であり、また、Ｘ銀行の与信先でもない）を吸収合併した旨が判明しました。官報に公告し、定款の定めどおり自社ホームページに掲載したそうですが、Ｘ銀行に対する事前の報告はありませんした。Ｘ銀行は、Ａ社に対して、どのような請求ができるでしょうか。

A2　　銀行取引約定書により取引先が負う報告義務違反に当たりますが、合併などにより信用状況に大きな変化がないのであれば打てる手はなく、今回の一件を踏まえ、同種の事態が発生しないよう、Ａ社によく説明し理解を得るべきです。

――――― **解　説** ―――――

　取引先が合併や会社分割、営業譲渡・譲受をしようとするときは、一般的に「甲（取引先）の財産、経営、業況等について重大な変化を生じるお

それのあるとき」に該当し、本約定書14条3項（旧ひな型12条2項）の定めにより、自発的な報告義務を負う場合に当たると考えられます。

　もっとも、合併や会社分割、事業譲渡等によって信用状況に大きな変化がある場合はともかく、そうでないのであれば、当該義務違反によって期限の利益を喪失させることは困難ですし、株式総会決議が不要な簡易合併（会社法796条2項。合併に際し交付する株式の数に一株当たり純資産額を乗じた額が存続会社の純資産額の5分の1以下の場合など）などは、そもそも「重大な変化」ではないという反論もありえます。

　もっとも、こういった行為が「重大な変化」であるかどうかは、株主総会決議の要否だけでなく具体的な事情によるので、まずは銀行取引約定書の同条項の意義と内容についてしっかり説明し、今後同種の事態が発生しないように理解を得ることが肝要と思われます。

　なお、もし本件が簡易合併に該当するとしても、債権者保護手続は省略できません。効力発生日までの間に1か月以上の異議申述期間を設けたうえで、法定の事項について、①官報による公告、②知れたる債権者に対する個別の催告の両方を行う必要がありますが（同法799条1項・2項）、定款において、公告方法として時事を掲載する日刊新聞紙への掲載または電子公告を定めている場合は（同法939条3項）、合併公告を官報および当該公告媒体双方に掲載していれば、知れたる債権者への個別催告は不要となるので（同条3項）、X銀行に対する催告を欠いていても、適法です。

　もちろん、適法な手続による合併や会社分割、事業譲渡等が行われたとしても、それによって会社の信用状況に大きな変化がある場合は、本約定書14条3項（旧ひな型12条2項）や5条2項5号（旧ひな型同条同項同号）に該当し得ますので、期限の利益を喪失させることは可能です。また、濫用的会社分割（同法759条4項・761条4項）、詐害事業譲渡（同法23条の2）に該当する場合は、承継会社や譲受会社に対し、承継した財産の価額を限度として履行を請求できます。

第15条（適用店舗）

本約定書の各条項は、甲と乙の本支店との間の諸取引に共通に適用されるものとします。

1　本条の趣旨

本条は、銀行取引約定書を差し入れた店舗との取引にのみその各条項が適用されるものではないことを確認したものです。

取引先のどの営業所や事業所が銀行のどの店舗と取引をしても、法律上はそれぞれが1つの権利主体としての法律行為となりますので、取引先が銀行のどの店舗に銀行取引約定書を差し入れていても、特定の営業所や事業所と特定の店舗との取引に限定するような特約をしない限り（銀行取引約定書においてかかる特約を設けることは基本的にないようですが、秘密保持契約等では取引先と銀行の特定の店舗との取引のみに適用を限定する旨の特約が設けられることがあるようである）、取引先と銀行間の一切の取引に銀行取引約定書の各条項が適用されることになります。このことは、わざわざ銀行取引約定書に定めなくても明らかといえますが、無用な争いが起こることを避けるために確認的に本条が設けられています。

たとえば、X銀行のR支店が取引先Aの不動産に根抵当権を設定した場合に、X銀行のS支店が取引先Aとの間で行った融資取引の担保とすることができるかが問題となったとします。このときに、取引先Aが、当該根抵当権はA支店との取引によって生じる債権債務のみを担保するために設定したものであると主張した場合には、本条に基づいてその主張を排斥することができます。

したがって、取引先と融資取引を開始する際には、一支店のみで銀行取引約定書を締結すれば足り、以後に他の支店で融資取引を開始する場合であっても、重ねて銀行取引約定書を締結する必要はありません。

ただし、根保証取引の場合には、保証意思を確認する際に、根保証契約

を締結している保証人が負担する保証債務は、主債務者と根保証契約を締結している店舗以外の店舗における融資取引についても被保証債権になる旨を保証人に対して説明したうえで保証意思を確認する必要があります。

なお、実務上、取引先が銀行に対して銀行取引約定書や根担保を差し入れるときは、銀行自体に宛ててなされることが一般的であり、取引先が多数の営業所を有する大企業であるときも、銀行取引約定書や根担保の差入れは取引先である会社（代表取締役等）自体から銀行自体に対して、すなわち、お互いの全営業所・店舗に適用される統一的な約定書または担保としてなされることがほとんどであると思われます。このような原則的手続がとられる限りは、本条を置く必要性は乏しいといわざるをえません。

2 銀行取引約定書の適用排除の必要性

シンジケートローンにおいては、銀行取引約定書等の適用を排除したうえで、当該シンジケートローン契約上の規定のみが適用されるという方式が採用されることが多くあります。これは、シンジケートローン契約の規定を各貸付人に統一的に適用するためです（青山大樹編著『詳解シンジケートローンの法務』224頁）。

なお、銀行取引約定書等の適用を排除せず、シンジケートローン契約との間に齟齬が生じた場合にシンジケートローン契約の規定が優先的に適用される旨を定めることもあります。

シンジケートローン契約における銀行取引約定書等の適用排除に関する規定の具体例（日本ローン債権市場協会推奨のコミットメントライン契約書33条4項参照）は、以下のとおりです。

（4）　銀行取引約定書等の適用除外
　本契約及び本契約に基づく取引については、借入人が貸付人に別途差し入れたまたは借入人と貸付人との間で別途締結された銀行取引約

> 定書〔及び金融取引約定書〕は適用されない。

■事例解説

Q　A社P営業所は、X銀行R支店との間で銀行取引約定書を締結し、融資や預金取引をしていました。当該銀行取引約定書15条（適用店舗）には「本約定書の各条項は、甲と乙の本支店との間の諸取引に共通に適用されるものとします。」という規定が置かれており、適用店舗について特約は設けられていませんでした。このたび、A社は新たにQ営業所を開設し、X銀行S支店との間で融資や預金取引を開始することになりました。

①　X銀行としては、S支店が新たにA社Q営業所と融資や預金取引を開始するにあたって、改めて銀行取引約定書を締結する必要があるのでしょうか。

②　X銀行R支店は、以前からA社P営業所との融資取引の担保として、A社が有するE不動産に、被担保債権の範囲を「銀行取引によるいっさいの債権」とする根抵当権を設定していました。今般、X銀行S支店がA社Q営業所との間で開始した融資取引に基づいて生じた債権も、E不動産に設定された根抵当権によって担保されるのでしょうか。

A
①　改めて銀行取引約定書を締結する必要はありません。
②　E不動産に設定された根抵当権によって担保されます。

解 説

---

❶ ①の場合

　X銀行としては、S支店が新たにA社Q営業所と融資や預金取引を開始するにあたって、改めて銀行取引約定書を締結する必要はありません。

　前記解説 ■ にて説明したとおり、取引先のどの営業所や事業所が銀行のどの店舗で取引しても、法律上はそれぞれが1つの権利主体としての法律行為となりますので、取引先が銀行のどの店舗に銀行取引約定書を差し入れていても、特定の営業所や事業所と特定の店舗との取引に限定するような特約をしない限り、取引先と銀行間の一切の取引に銀行取引約定書の各条項が適用されることになります。

　①の場合では、X銀行R支店がA社P営業所と融資等の取引を開始するにあたって締結した銀行取引約定書が、新たに開始するX銀行S支店とA社Q営業所との間の融資等の取引にも適用されることになります。

❷ ②の場合

　X銀行S支店がA社Q営業所との間で開始した融資取引に基づいて生じた債権も、E不動産に設定された根抵当権によって担保されます。

　X銀行が有するE不動産に設定された根抵当権の被担保債権の範囲は「銀行取引による一切の債権」であり、X銀行S支店がA社Q営業所との間で開始した融資取引に基づいて生じた債権も被担保債権に含まれます。

　したがって、X銀行S支店がA社Q営業所との間で開始した融資取引に基づいて生じた債権も、X不動産に設定された根抵当権によって担保されることになり、仮にA社が当該根抵当権はX銀行R支店との取引によって生じる債権債務のみを担保するために設定したものであると主張したとしても、その主張は認められません。

第16条（反社会的勢力の排除）

① 甲は、甲、甲の保証人または担保提供者が、現在、暴力団、暴力団員、暴力団員でなくなった時から5年を経過しない者、暴力団準構成員、暴力団関係企業、総会屋等、社会運動等標ぼうゴロまたは特殊知能暴力集団等、その他これらに準ずる者（以下これらを「暴力団員等」という。）に該当しないこと、および次の各号のいずれにも該当しないことを表明し、かつ将来にわたっても該当しないことを確約します。

1．暴力団員等が経営を支配していると認められる関係を有すること
2．暴力団員等が経営に実質的に関与していると認められる関係を有すること
3．自己、自社もしくは第三者の不正の利益を図る目的または第三者に損害を加える目的をもってするなど、不当に暴力団員等を利用していると認められる関係を有すること
4．暴力団員等に対して資金等を提供し、または便宜を供与するなどの関与をしていると認められる関係を有すること
5．役員または経営に実質的に関与している者が暴力団員等と社会的に非難されるべき関係を有すること

② 甲は、甲、甲の保証人または担保提供者が、自らまたは第三者を利用して次の各号の一にでも該当する行為を行わないことを確約します。

1．暴力的な要求行為
2．法的な責任を超えた不当な要求行為
3．取引に関して、脅迫的な言動をし、または暴力を用いる行為
4．風説を流布し、偽計を用いまたは威力を用いて貴行の信用を毀損し、または貴行の業務を妨害する行為
5．その他前各号に準ずる行為

③ 甲、甲の保証人または担保提供者が、暴力団員等もしくは第1項各号のいずれかに該当し、もしくは前項各号のいずれかに該当する行為をし、または第1項の規定に基づく表明・確約に関して虚偽の申告をしたことが判明した場合には、甲は乙から請求があり次第、乙に対するいっさいの債務の期限の利益を失い、直ちに債務を弁済する

ものとします。

④　甲が乙より手形または電子記録債権の割引を受けた場合、甲、甲の保証人または担保提供者が暴力団員等もしくは第1項各号のいずれかに該当し、もしくは第2項各号のいずれかに該当する行為をし、または第1項の規定に基づく表明・確約に関して虚偽の申告をしたことが判明した場合には、全部の手形および電子記録債権について、甲は乙の請求によって手形面記載の金額の買戻債務を負い、直ちに弁済するものとします。この債務を履行するまでは、乙は手形所持人または電子記録債権の債権者としていっさいの権利を行使することができるものとします。

⑤　前2項の規定の適用により、甲、甲の保証人または担保提供者に損害が生じた場合にも、乙になんらの請求をしないものとします。また、乙に損害が生じたときは、甲、甲の保証人または担保提供者がその責任を負うものとします。

⑥　第3項または第4項の規定により、債務の弁済がなされたときに、本約定は失効するものとします。

1　反社会的勢力の排除の必要性

　政府犯罪対策閣僚会議は、平成19年6月19日、「近年、暴力団は、組織実態を隠ぺいする動きを強めるとともに、活動形態においても、企業活動を装ったり、政治活動や社会運動を標ぼうしたりするなど、更なる不透明化を進展させており、また、証券取引や不動産取引等の経済活動を通じて、資金獲得活動を巧妙化させている」ため、これに対応することを目的として「企業が反社会的勢力による被害を防止するための指針」（以下「本指針」という）を取りまとめました。

　銀行界もこれを真摯に受け止め、全国銀行協会は、平成19年7月24日、「反社会的勢力介入排除に向けた取組み強化について」という申し合せを行い、その中で「反社会的勢力との融資取引等について、反社会的勢力との取引であることが判明した場合等には、契約解除を可能とする対応について、規定の整備等を含め検討に着手する」ことが確認されました。これ

を具現化したものが本条です。

2 各項の解説

1項は、取引先において、取引先および保証人（あわせて、以下「取引先等」という）が反社会的勢力の属性要件に該当しないことを表明させるものです。

2項は、取引先において、取引先等が1号から5号に該当する暴力的な行為や反社会性の強い行為を取引先等が行わないことを表明して確約させるものです。

3項は、取引先等が1項や2項に該当した場合、または1項における表明が虚偽であった場合に、銀行の判断によって、期限の利益を請求喪失させることができる旨の特約を定めるものです。

4項は、取引先等が1項の属性要件や2項の行為要件に該当した場合、または1項における表明が虚偽であった場合に、銀行の判断によって、請求により割引手形買戻請求権を発生させることができる旨の特約を定めるものです。

5項は、銀行が請求により期限の利益を喪失させたときまたは買戻請求権を発生させたときに、取引先等に損害が生じても、銀行に損害賠償義務が発生しない旨の特約を定めるものです。

6項は、期限の利益が請求喪失され、融資金が完済となった後は、その他の規定にかかわらず、銀行取引約定書が失効する旨の特約を定め、反社会的勢力との関係を遮断したことを明確にするものです。

▌事例解説

Q1 A社の代表取締役aがX銀行R支店に来店し、融資取引の開始を申し込みました。X銀行R支店の融資担当者であるbは、

店内のシステムによって確認したところ、Ａ社との間では預金取引も含めてなんらの取引がありませんでした。ｂとしては、新たにＡ社との間で融資取引や預金取引を開始するにあたって、Ａ社が反社会的勢力であるかどうかをどのように精査しなければならないでしょうか。

A1 　通常、金融庁が策定する主要行等向けの総合的な監督指針や中小・地域金融機関向けの総合的な監督指針（あわせて、以下「監督指針」という）に従って設けている、取引開始時にデータベースにおいてチェックするルールや、銀行によっては融資先の代表者と営業店の役席者との面談等を実施するルールが定められていることもあり、かかるルールを遵守して、実施する必要があります。

<hr>

=== **解　説** ===

❶ 問題の所在

　融資取引の開始のように、入口の段階においては、契約自由の原則が認められるため、原則として、融資取引の申込を拒絶することができますが、反社会的勢力と取引関係にいったん入ってしまうと、これを速やかに解消することは容易ではありません。特に、融資取引を解消するには、後記Ｑ２、Ｑ３のような論点が生じることもあり、入口の段階で排除することが望ましいです。

　入口の段階での対応として、銀行では、監督指針に従って、反社会的勢力による被害を防止するための一元的な管理態勢を構築し、反社会的勢力に関する情報等を活用した事前審査を実施していると思われます。

　事前審査の結果、取引拒絶をする場合、反社会的勢力であることを疑わせる根拠となる資料等に基づき、その内容を十分に精査することが肝要です。

なぜなら、取引拒絶をした場合、通常、相手方に対してその理由を説明することはないと思われますが、相手方から取引拒絶が合理的な理由のない差別によるものである等と非難され、営業店や本部においてその非難への対応に苦慮する場合や訴訟に発展する場合がないとはいえないからです。

　また、近年の最高裁判所の判決（最判平成28・1・12民集70巻1号1頁、金融・商事判例1489号28頁。以下「本判決」という）およびその差戻審（東京高判平成28・4・14金融・商事判例1491号8頁。以下「本差戻審」という）において、反社会的勢力であるか否かについて調査義務を認めていることから、適切な事前審査に係る管理態勢を構築しているか、適切な事前審査を実施したかについて留意する必要があります。

　以下では本判決および本差戻審の概略のみ紹介し、実務上の留意点について考察します。

❷ 本判決および本差戻審の検討

　本判決では、銀行は、信用保証協会との間の基本契約上の付随業務として、個々の保証契約を締結して融資を実行するのに先立ち、主債務者が反社会的勢力であるか否かについてその時点において一般的に行われている調査方法等に鑑みて相当と認められる調査をすべき義務を負うというべきであるとの判断が示されました。

　また、本差戻審において、銀行の持株会社がグループ会社の反社会的勢力等に関する情報を一元的に管理する部署を設置し、同部署が、新聞・雑誌記事、官報、省庁・地方自治体の指名停止措置業者リスト等に公開された情報、グループ会社の各本支店等が事業活動を行うなかで入手した情報、外部機関から入手した情報等を集約したうえで、反社会的勢力等に関するデータベースを整備し、銀行の各本支店が取引先への融資を行う場合には、融資先の情報をもとに、融資先が前記データベースに登録されていないか確認する審査体制が構築され、銀行が実際に本件の各貸付の都度、主債務者およびその代表者個人が同データベースに反社会的勢力として登録されているかを確認していた、といった事実を認定したうえで、本指針に照ら

して、その時点において一般的に行われている調査方法等に鑑みて相当であるとの判断が示されました。

　本判決および本差戻審を踏まえると、各銀行において、通常、監督指針に従って設けている、取引開始時にデータベースにおいてチェックするルールや銀行によっては融資先の代表者と営業店の役席者との面談等を実施するルールが定められていることもあり、かかるルールを遵守することが肝要であると思われます。

Q2　　　A社に対して融資実行後、A社の代表取締役ａが、反社会的勢力に該当することが判明しました。当該時点において、A社の保有資産によって融資全額を回収することは困難でしたが、資金繰り表等を精査したところ、3か月後に売掛先からの大口の入金があることが判明し、かかる代わり金をもって融資金額の全額を回収することができることが判明しました。かかる場合において、3か月後までのリスケジュールや債務免除等の行為を行うことはできますか。

A2　　経済的な合理性が認められる事情の下において、むしろ、債務者を不当に利することのないように通常の債務者の場合と同様の基準に則り実施されるのであれば、「その他正当な理由がある場合」に該当するとして、スケジュールや債務免除等も可能であると考えられます。

─────── 解　説 ───────

❶ 問題の所在

　取引開始後に属性が変化して反社会的勢力となる者が存する可能性があり、また、日々の情報の蓄積により増強されたデータベースによって、事

前審査時に検出できなかった反社会的勢力を把握できる場合もあると考えられることから、銀行は、通常、監督指針に従った適切な事後検証を行うための態勢が整備していると思われます。

　この態勢が功を奏して、たとえば、住宅ローンの債務者が、後に反社会的勢力に属性が変化していたことが発覚した場合、銀行としては期限の利益を喪失させる場合もあると思われますが、全額回収できないときにリスケジュールや債務免除等を行うことができるか、暴力団排除条例において定められていることが多い利益供与の禁止（以下「利益供与禁止規定」という）に違反するのかが問題となります。

❷ 反社会的勢力に対する利益供与等の考え方

　期限の利益を喪失した債務者は、実際に十分な支払能力を有していない場合が多いです。それにもかかわらず、金融機関が暴排条例違反をおそれてリスケジューリング等を拒み、一括での支払を求める姿勢を堅持しても、債務者との交渉は平行線をたどるだけで、その間は一部金の回収すらできなくなってしまうという不合理な事態に陥ることになります。

　その回避策として、後記の特定回収困難債権買取制度を利用しても譲渡代金が低廉な額になる可能性を考えると、まずは自ら可能な限りの回収を尽くすべきといえ、リスケジューリング等の実施による回収可能性の検討がなされるべきと考えられるところです。

　この点、平成26年2月に全国サービサー協会が主催したコンプライアンス研修会において、「サービサーにしろ、金融機関にしろ、通常業務の一環として、すなわち暴力団以外の債務者に対するのと同様の基準で対応した結果として暴力団員相手に債務免除等をしたとしても、東京都暴力団排除条例24条3項ただし書でいう『その他正当な理由がある場合』に該当するということで、勧告対象にはならないと考えるべき」と、通常の債務者の場合と同様の基準による取扱いであれば利益供与禁止規定の違反は問われない旨の見解が示されました。

　かかる見解を踏まえると、債務者が、反社会的勢力であっても、リスケ

ジューリングや債務免除等が一律に禁止されるわけではなく、経済的な合理性が認められる事情のものにおいて、むしろ、債務者を不当に利することのないように通常の債務者の場合と同様の基準に則り実施されるのであれば、「その他正当な理由がある場合」に該当するものとして、利益供与禁止規定に違反しないと思われます。

Q 3　　A社に対して1,000万円の融資実行後、A社の代表取締役aが反社会的勢力に該当することが判明したので、X銀行は当該融資について期限の利益を喪失させました。他方で、aは、自身は反社会的勢力に属せず、いっさいの関係はないため、X銀行が行った期限の利益の喪失は無効であると主張しています。かかる場合において、X銀行として留意すべき点は何でしょうか。また、X銀行としては、A社から直接回収する以外に、どのような方法がありますか。

A 3　　実際に訴訟に発展した場合に生じうる論点を事前に想定し、かかる論点に関する証拠の開示方法等について、警察との間で綿密に協議する必要があります。また、預金保険機構による特定回収困難債権の買取制度を活用することが考えられます。

=== **解　説** ===

❶ 問題の所在

　融資の実行後、債務者が反社会的勢力に該当することが明らかになった場合には、可能な限り回収を図る等、反社会的勢力への利益供与にならないよう配慮して、反社会的勢力との取引解消を図る必要があります。

　銀行としては、暴排条項を適用すれば、期限の利益を喪失させることができますが、場合によっては、債務者から暴排条項の属性要件への該当性

を否認されるリスクを伴うことになります。かかる場合に、銀行としては、債務者の属性要件への該当性について主張・立証できるように、暴排条項を適用し、期限の利益を喪失させる段階から、証拠を慎重に収集する必要があります。

また、期限の利益を喪失させたとしても、債務者の資力が十分でなく、融資金が全額回収できない可能性がありますが、このような場合、預金保険機構による特定回収困難債権の買取制度の活用を検討することが考えられます。

上記の点に関して、実務上の留意すべき点や特定回収困難債権の買取制度の概要について説明します。

❷ 反社会的勢力の属性立証に関する実務上の留意点

属性要件である「暴力団員」や「暴力団員と社会的に非難されるべき関係を有する者」等は規範的要件です。したがって、銀行としては、暴排条項を適用し、期限の利益を喪失させる段階から、債務者が特定の暴力団に属するとの客観的評価を基礎付ける具体的な事実関係を立証できるような証拠を収集することに注力すべきです。

実際の立証方法としては、警察から受領した情報を中心とすることが多いと思われますが、警察庁としては、暴力団等排除のための部外への情報提供の対応については、当該情報が暴力団排除等の公益目的の達成のために必要であり、かつ、警察からの情報提供によらなければ当該目的を達成することが困難な場合に行うこととされている等、全体として慎重な対応が求められているようであることには留意する必要があります。

実際には、警察は、暴力団員等の該当性について訴訟の場で立証を求められる事態になれば、必要に応じて立証に協力するという方針であるとのことのようです。

もっとも、警察としても、暴力団等排除のためとはいえ、部外への情報提供の対応については組織的な対応が必要となり、回答できる方法や内容が限定されている場面も想定されるところです。

したがって、実際に訴訟に発展した場合に生じうる論点を事前に想定し、かかる論点に関する証拠の開示方法等について、警察との間で綿密に協議する必要があると考えられます。

❸ 特定回収困難債権の預金保険機構による買取り

　預金保険法101条の2第1項において、機構は、金融機関の財務内容の健全性の確保を通じて信用秩序の維持に資するため、金融機関が保有する貸付債権またはこれに類する資産のうち、当該貸付債権の債務者または保証人が暴力団員（暴力団員による不当な行為の防止等に関する法律2条6号に規定する暴力団員をいう）であって当該貸付債権に係る契約が遵守されないおそれがあることその他の金融機関が回収のために通常行うべき必要な措置をとることが困難となるおそれがある特段の事情があるものの買取りを行うことができる旨が定められています。また、この業務の詳細は、政令・内閣府令・告示および特定回収困難債権の買取りに係るガイドラインによって定められています。

　特定回収困難債権買取制度については、制定当初、買取件数は低位推移していましたが、二度にわたる改善策の実施により、平成26年以降、買取実績が増加し、令和2年6月現在において累計292件に達しました。今後も積極的な活用の検討が望まれるところです。

　なお、当該制度の対象とならないグループ内の会社においては整理回収機構（RCC）のサービサー機能の活用をし、取引解消を行うことが有効であると思われます。

第17条 (準拠法・合意管轄)

① 本約定書および本約定書に基づく諸取引の契約準拠法は日本法とします。

② 本約定書に基づく諸取引に関するいっさいの紛争については、乙の本店または取引店の所在地を管轄する裁判所を専属的合意管轄裁判所とします。

1 準拠法

　準拠法とは、関係する国において民法等の私法が互いに異なる内容を定めている場合において私人間で争いが生じたときに、当該法律関係に適用される法律をいいます。

　国際的な法律関係に適用される法の決定方法を定めた日本の法の適用に関する通則法7条には「法律行為の成立及び効力は、当事者が当該法律行為の当時に選択した地の法による」と定められており、契約の準拠法は当事者が自由に選択できるという「当事者自治の原則」が定められています。

　旧ひな型には準拠法に関する定めは設けられていませんでしたが、現在、実務において用いられている銀行取引約定書には準拠法に関する規定が置かれているものがあります。海外の取引先との取引にあたっては準拠法に対する手当てをしておくことで、万一紛争に至った場合であっても準拠法が論点になることを予防することができます。

　準拠法が日本法ではなく外国の法律となった場合には、日本法とは異なるルールが適用される場合がありますし、普段から相談をしている日本法弁護士ではなく当該外国法の資格を有する弁護士からアドバイスを得る必要が生じる等、手続的な面や経済的な面で大きな負担がかかることがあります。

　仮に準拠法の指定がない場合は準拠法をどうするかについて争いとなりえますが、当事者間で準拠法を合意しておくことにより、準拠法について

争いとなることを避けることができます。

2　合意管轄

（1）　合意管轄とは

　民事訴訟法11条１項は、一審に限って当事者が合意に基づいて管轄裁判所を定めることを認めており、合意によって定まる管轄を合意管轄といいます。

　民事調停法３条１項も調停事件について当事者が合意によって管轄裁判所を定めることができる旨規定しています。さらに、民事訴訟法３条の７第１項には、国際的な裁判管轄について定められており、当事者は、合意により、いずれの国の裁判所に訴えを提起することができるかについて定めることができるとされています。

　旧ひな型や現在実務において用いられている銀行取引約定書では「本約定書に基づく諸取引に関して訴訟の必要が生じた場合には」と規定されていますが、紛争解決手続として訴訟のほかに調停も考えられることから、17条２項では、「本約定書に基づく諸取引に関するいっさいの紛争（下線：筆者）については」と規定しています。

　また、17条２項では、事件の内容次第では許可代理人（民事訴訟法54条１項ただし書）や続行期日における擬制陳述（同法277条）が認められている点等、簡易裁判所の訴訟手続の方が望ましいことも考えられるため、事物管轄を地方裁判所に限定していません（事物管轄とは、第１審裁判所を地方裁判所と簡易裁判所のいずれにするかに関する定めであり、訴額が140万円を超える請求は地方裁判所の管轄となり、140万円以下の請求は簡易裁判所の管轄となる）。

　管轄の合意の内容としては、他の法定管轄を排除して特定の裁判所に専属的に管轄権を生じさせる専属的合意と、法定管轄に付け加えて特定の裁判所に管轄権を生じさせる付加的合意があります。

　この点、旧ひな型において規定されていた合意管轄の合意は、付加的合意と解されていました（天野佳洋監修『銀行取引約定書の解釈と実務』243頁〔安東克正〕）。そのため、取引先は銀行取引約定書に定められた裁判所だけではなく、被告となる銀行の普通裁判籍や事務所・営業所所在地の裁判籍などの管轄裁判所にも訴えを提起することができました。

　しかし、合意管轄裁判所を銀行の本店所在地に近い裁判所にすることにより、遠方の裁判所への交通費や代理人弁護士の出張費用等を削減することができるというメリットがあるため、ここでは付加的合意ではなく、専属的合意としています。

　なお、当事者間で専属的な合意管轄を定めたとしても、訴訟の進行が著しく遅延し、または当事者間の衡平に反することを理由に、他の管轄裁判所への移送が認められる場合がありますので、合意管轄の定めがあるからといって絶対に合意管轄裁判所で手続が進められることまでは保証できません。

（2）　合意管轄を定めることによる銀行側の利点

　合意管轄を定めることによる銀行側の利点としては、以下の点が挙げられます。

　第1に、銀行が訴訟を提起するたびに法定管轄を調査することなく、銀行取引約定書による合意管轄裁判所を利用できる点が挙げられます。

　第2に、訴訟費用を削減できる点が挙げられます。合意管轄裁判所を銀行の本店所在地に近い裁判所にすることにより、遠方の裁判所への交通費や代理人弁護士の出張費用等を削減することができます。

　第3に、民事保全に関する手続が迅速に行える点が挙げられます。民事保全法12条1項は「保全命令事件は、本案の管轄裁判所又は仮に差し押さえるべき物若しくは係争物の所在地を管轄する地方裁判所が管轄する」と定めており、合意管轄で定められた裁判所も民事保全の管轄裁判所に含まれます。

▌事例解説

Q1　X銀行は、E国法に準拠して設立された外国会社であるA社およびB社との間でそれぞれ銀行取引約定書を締結したうえで、A社との間で金銭消費貸借契約を締結し、B社との間で保証契約を締結しました。

　銀行取引約定書に準拠法に関する規定がない場合、それぞれの契約の準拠法は日本法になるのでしょうか、それともE国法になるのでしょうか。

A1　金銭消費貸借契約については、日本法が準拠法となります。他方で、保証契約については、E国法が準拠法となります。

━━━━━━━━ 解　説 ━━━━━━━━

　X銀行がA社およびB社との間で締結した銀行取引約定書に準拠法に関する規定がある場合は、準拠法はその規定された国の法律となります。

　本問では、準拠法に関する合意がない場合にどのようになるかを解説します。

　当事者間に準拠法選択に関する合意があればそれに従いますが（法の適用に関する通則法7条）、それがない場合には最密接関係地法が準拠法となり（同法8条1項）、当該法律行為に関して特徴的な給付を行う者の常居所地が最密接関係地法と推定されます（同条2項）。

　金銭消費貸借契約については、貸主は信用を供与していると考えられ、これを行う貸主が特徴的給付を行う当事者と考えられています。したがって、貸主であるX銀行の常居所地である日本法が最密接関係地法と推定され、日本法が準拠法となります。

　他方で、保証契約については特徴的な給付を行う当事者は保証を行う保証

人であると考えられていることから（櫻田嘉章ほか編『注釈国際私法』209頁〔中西康〕）、保証人であるB社の常居所地であるE国が最密接関係地法となり、保証契約の準拠法はE国法となります。

このように、保証契約においては準拠法の合意をしておくことが重要といえます。

Q2　X銀行は、東京都千代田区に本店を有する銀行で、全国各地に支店を有しています。A社は、北海道札幌市に本店を有する会社で、X銀行札幌支店との間で銀行取引約定書を締結したうえで銀行取引を行っています。当該銀行取引約定書には、「本約定書に基づく諸取引に関するいっさいの紛争については、乙（X銀行）の本店または取引店の所在地を管轄する裁判所を専属的合意管轄裁判所とします」と定められています。

①　X銀行札幌支店はA社に対して1億円を貸し付けましたが、A社は弁済期限までに借入金を弁済しませんでした。そこで、X銀行はA社に対して1億円の貸金返還を請求することを考えています。X銀行はA社に対して、東京地方裁判所に当該貸金返還請求訴訟を提起することができるでしょうか。

②　上記①の場合において、X銀行は、東京地方裁判所に調停を申し立てることができるでしょうか。

③　上記①の場合において、X銀行は、東京地方裁判所に、A社が北海道札幌市に有する建物の仮差押えを申し立てることができるでしょうか。

A2　①　X銀行は、東京地方裁判所に当該貸金返還請求訴訟を提起することができます。

②　X銀行は、東京地方裁判所に調停を申し立てることができます。

③　X銀行は、東京地方裁判所に、A社が北海道札幌市に有

する建物の仮差押えを申し立てることができます。

===== 解　説 =====

　①の場合において、Ｘ銀行はＡ社に対して、銀行取引約定書に定められた管轄合意に基づいて、東京地方裁判所に当該貸金返還請求訴訟を提起することができます。

　また、②においても、①の場合と同様に、Ｘ銀行は、銀行取引約定書に定められた管轄合意に基づいて、東京地方裁判所に調停を申し立てることもできます。

　そして、③においても、Ｘ銀行は、東京地方裁判所に、Ａ社が北海道札幌市に有する建物の仮差押えを申し立てることができます。民事保全法12条１項は「保全命令事件は、本案の管轄裁判所又は仮に差し押さえるべき物若しくは係争物の所在地を管轄する地方裁判所が管轄する」と定めていますが、「本案の管轄裁判所」である東京地方裁判所は、民事保全の管轄裁判所に含まれますので、仮差押えの対象となる建物が札幌市に所在するものであっても、東京地方裁判所に仮差押えの申立をすることができます。

Q 3　Ｘ銀行は、Ｅ国法に準拠して設立された外国会社であるＡ社およびＢ社との間でそれぞれ銀行取引約定書を締結したうえで、Ａ社との間で金銭消費貸借契約を締結し、Ｂ社との間で保証契約を締結しました。当該銀行取引約定書には、「本約定書に基づく諸取引に関するいっさいの紛争については、乙（Ｘ銀行）の本店または取引店の所在地を管轄する裁判所を専属的合意管轄裁判所とします」と定められています。

　Ｘ銀行はＡ社に対して１億円を貸し付けましたが、Ａ社は弁済期限までに借入金を弁済しませんでした。そこで、Ｘ銀行はＡ社に対して１億円の貸金返還を請求することを考えています。Ｘ銀行はＡ社に対して、東京地方裁判所に当該貸金返還請求訴

訟を提起することができるでしょうか。

A3　　X銀行は、東京地方裁判所に当該貸金返還請求訴訟を提起することができます。

━━━━━━━━━━ 解 説 ━━━━━━━━━━

　民事訴訟法3条の7第1項は、「当事者は、合意により、いずれの国の裁判所に訴えを提起することができるかについて定めることができる」と定めています。これは、当事者による管轄合意の効力を認め、国際裁判管轄を当事者間の合意によって定めることができる旨を規定しています。国際契約においては、訴訟に至った場合の紛争解決地の予測可能性を担保するという観点から、当事者があらかじめ契約時点において紛争を解決する国の裁判所を合意により決めておくということが一般的に行われています。

　前記解説 **2**（1）で説明した日本国内の当事者間における管轄合意と同様に、国際裁判管轄に関する合意においても、合意した国以外の国での裁判所で紛争の解決を求めることができるのか、それとも、合意した国の裁判所でのみ紛争を解決することができるのかという、専属的合意か付加的合意かの解釈が問題となることがあります。そのため、専属的合意とするのであればその旨を明記することが重要です。

　本事例では、銀行取引約定書に「本約定書に基づく諸取引に関するいっさいの紛争については、乙（X銀行）の本店または取引店の所在地を管轄する裁判所を専属的合意管轄裁判所とします」と定められていることから、日本の東京地方裁判所に専属的な合意が認められます。

　したがって、X銀行はA社に対して、東京地方裁判所に貸金返還請求訴訟を提起することができます。

巻末資料

「銀行取引約定書参考例」関連判例

「銀行取引約定書旧ひな型」

「銀行取引約定書参考例」関連判例

【第1条】

●**根抵当権の被担保債権の範囲と保証債権**（最判平成5・1・19民集47巻
1号41頁、金融・商事判例918号3頁）

〔判決要旨〕

被担保債権の範囲を「信用金庫取引による債権」として設定された根抵
当権の被担保債権には、信用金庫の根抵当債務者に対する保証債権も含ま
れる。

【第2条】

●**貸金債権と手形債権の選択行使**（最判昭和23・10・14民集2巻11号376
頁、金融・商事判例529号1頁）

〔判決要旨〕

手形が既存債務の担保のため授受せられた場合には、債権者は、既存の
債権と手形上の権利とのいずれをも任意に選択して行使することができる。

●**小切手の原因債権に基づく請求と小切手の返還義務との同時履行**（最判
昭和33・6・3民集12巻9号1287頁、金融・商事判例529号45頁）

〔判決要旨〕

貸金債権の支払確保のため債権者に小切手を交付した債務者は、特段の
事由がない限り、貸金の支払は、小切手の返還と引換えにすべき旨の同時
履行の抗弁をなしうる。

●**債務者が債権者からの金員支払請求に対し支払確保のため振り出された
手形の返還と引換給付の抗弁権を有する場合と履行遅滞の成否**（最判昭
和40・8・24民集19巻6号1435頁）

〔判決要旨〕

債務者が債権者からの金員支払請求に対しその支払確保のため振り出さ

れた手形の返還と引換えに支払うべき旨の抗弁権を有する場合においては、手形の返還を受けていないときでも、当該債務につき履行期を徒過している以上、履行遅滞の責任を負うべきである。

● **原因債務の時効消滅と手形抗弁**（最判昭和43・12・12金融・商事判例148号12頁）

〔判決要旨〕

手形債務者は、原因債務の時効消滅を理由として、原因関係上の当事者たる手形所持人からの手形金請求を拒むことができる。

● **手形金請求の訴えの提起と原因債権の消滅時効の中断（現・完成猶予・更新）**（最判昭和62・10・16民集41巻7号1497頁、金融・商事判例784号3頁）

〔判決要旨〕

債務の支払のために手形の交付を受けた債権者が債務者に対して手形金請求の訴えを提起したときは、原因債権についても消滅時効中断（現・完成猶予・更新）の効力を生ずる。

● **銀行取引による手形割引の性質**（大阪高昭和37・2・28高民集15巻5号309頁）

〔判決要旨〕

手形割引の法的性質は手形の売買である。

【第3条】 なし

【第4条】

● 1　貸金庫の内容物についての強制執行の可否および方法

2　貸金庫契約上の内容物引渡請求権に係る取立訴訟における個々の動産の特定および存在の立証の要否

（最判平成11・11・29民集53巻8号1926頁、金融・商事判例1031号29頁）

〔判決要旨〕

1　貸金庫の内容物については、利用者の銀行に対する貸金庫契約上の

内容物引渡請求権を差し押さえる方法により、強制執行をすることができる。

2　貸金庫契約上の内容物引渡請求権に係る取立訴訟においては、差押債権者は、貸金庫を特定し、それについて貸金庫契約が締結されていることを立証すれば足り、貸金庫内の個々の動産を特定してその存在を立証する必要はない。

●信用金庫取引約定書4条4項（銀行取引約定書参考例4条3項）の趣旨
（最判昭和63・10・18民集42巻8号575頁、金融・商事判例810号3頁）
〔判決要旨〕

信用金庫取引約定書4条4項（銀行取引約定書参考例4条3項）は、取引先において信用金庫に対し、取引先がその債務を履行しない場合に、信用金庫の占有する取引先の手形等の取立または処分をする権限および取立または処分によって取得した金員を取引先の債務の弁済に充当する権限を授与する趣旨であり、当該手形等につき、取引先の債務不履行を停止条件として譲渡担保権、質権等の担保権を設定する趣旨の規定ではない。

●1　手形につき商事留置権を有する者が債務者に対する破産宣告（現・破産手続開始決定）の後に破産管財人からの手形の返還請求を拒むことの可否

2　手形につき商事留置権を有する銀行が債務者に対する破産宣告の後に当該手形を手形交換制度によって取り立てて被担保債権の弁済に充当する行為が破産管財人に対する不法行為とならないとされた事例
（最判平成10・7・14民集52巻5号1261頁、金融・商事判例1046号3頁）
〔判決要旨〕

1　手形につき商事留置権を有する者は、債務者が破産宣告（現・破産手続開始決定）を受けた後においても、当該手形を留置する権能を有し、破産管財人からの手形の返還請求を拒むことができる。

2　手形につき商事留置権を有する甲銀行が債務者乙に対する破産宣告の後に当該手形を手形交換制度によって取り立て被担保債権の弁済に充当する行為は、乙が債務を履行しないときは甲が占有している乙の

手形等を取り立てて、または処分して債権の弁済に充当できる旨の銀行取引約定書4条4項（銀行取引約定書参考例4条3項）による合意が甲乙間に存在し、被担保債権の履行期が既に到来し、債権額も手形金額を超えており、当該手形について甲に優先する他の特別の先取特権者が存在することをうかがわせる事情もないなど判示の事実関係の下においては、乙の破産管財人に対する不法行為となるものではない。

● **会社から取立委任を受けた約束手形につき商事留置権を有する銀行が，同会社の再生手続開始後の取立に係る取立金を銀行取引約定に基づき同会社の債務の弁済に充当することの可否**（最判平成23・12・15民集65巻9号3511頁、金融・商事判例1387号25頁）

〔判決要旨〕

会社から取立委任を受けた約束手形につき商事留置権を有する銀行は，同会社の再生手続開始後の取立に係る取立金を，法定の手続によらず同会社の債務の弁済に充当しうる旨を定める銀行取引約定に基づき，同会社の債務の弁済に充当することができる。

● **再生債務者が支払の停止の前に再生債権者から購入した投資信託受益権に係る再生債権者の再生債務者に対する解約金の支払債務の負担が，民事再生法93条2項2号にいう「前に生じた原因」に基づく場合に当たらず，上記支払債務に係る債権を受働債権とする相殺が許されないとされた事例**（最判平成26・6・5民集68巻5号462頁、金融・商事判例1457号25頁）

〔判決要旨〕

再生債務者Xが，その支払の停止の前に，投資信託委託会社と信託会社との信託契約に基づき設定された投資信託の受益権をその募集販売委託を受けた再生債権者Yから購入し，上記信託契約等に基づき，上記受益権に係る信託契約の解約実行請求がされたときにはYが上記信託会社から解約金の交付を受けることを条件としてXに対してその支払債務を負担することとされている場合において，次の（1）～（3）など判示の事情の下では，Yがした債権者代位権に基づく解約実行請求により，Yが，Xの支払

の停止を知った後に上記解約金の交付を受け，これにより上記支払債務を負担したことは，民事再生法93条2項2号にいう「支払の停止があったことを再生債権者が知った時より前に生じた原因」に基づく場合に当たるとはいえず，Yが有する再生債権を自働債権とし上記支払債務に係る債権を受働債権とする相殺は許されない。

（1）　上記解約実行請求は，YがXの支払の停止を知った後にされた。

（2）　Xは，Yの振替口座簿に開設された口座で振替投資信託受益権として管理されていた上記受益権につき，原則として自由に他の振替先口座への振替をすることができた。

（3）　Yが上記相殺をするためには，他の債権者と同様に，債権者代位権に基づき，Xに代位して上記解約実行請求を行うほかなかったことがうかがわれる。

● **A社に投資信託受益権を販売しその口座管理機関となっているＢ銀行が、A社の民事再生手続開始後にＡ社の了解を得ずに行った同受益権の解約につき、不法行為責任を負わないとされた事例**（大阪地判平成23・1・28金融法務事情1923号108頁）

〔判決要旨〕

　A社に投資信託受益権を販売しその口座管理機関となっているＢ銀行が、A社の民事再生手続開始後にＡ社の了解を得ずに行った同受益権の解約につき、A社が債務を履行しないときはＢ銀行が占有しているＡ社の動産、手形その他有価証券を取立または処分して債権の弁済に充当できる旨の銀行取引約定書4条3項（銀行取引約定書参考例4条2項）は同受益権にも適用ないし準用されるためＢ銀行には解約権限があり、また、同解約手続は民事再生法85条1項等の規定にも抵触しないことから、Ｂ銀行は不法行為責任を負わない。

● **信用金庫が破産者の支払停止かつ破産の申立以前に締結された取引約定に基づいて取立委任を受けた手形を支払停止または破産の申立のあったことを知って取り立てた場合における取立金支払債務を受働債権とする相殺の許否**（大阪高判昭和59・2・10金融・商事判例698号19頁）

〔判決要旨〕

信用金庫は、破産者の支払停止かつ破産の申立以前に締結した取引約定に基づいて破産者から取立委任を受けた手形を支払停止または破産の申立のあったことを知って取り立てた場合には、取立金支払債務を受働債権として相殺することは許されない。

【第5条】

● 1　債権の差押前から債務者に対して反対債権を有していた第三債務者が反対債権を自働債権とし被差押債権を受働債権としてする相殺の効力

　　2　相殺に関する合意の差押債権者に対する効力

（最判昭和45・6・24民集24巻6号578頁、金融・商事判例215号2頁）

〔判決要旨〕

1　債権が差し押えられた場合において、第三債務者が債権者に対して反対債権を有していたときは、その債権が差押え後に取得されたものでない限り、当該債権および被差押債権の弁済期の前後を問わず、両者が相殺適状に達しさえすれば、第三債務者は、差押え後においても、当該反対債権を自働債権として、被差押債権と相殺することができる。

2　銀行の貸付債権について、債務者の信用を悪化させる一定の客観的事情が発生した場合には、債務者のために存する貸付金の期限の利益を喪失せしめ、同人の銀行に対する預金等の債権につき銀行において期限の利益を放棄し、直ちに相殺適状を生ぜしめる旨の合意は、預金等の債権を差し押えた債権者に対しても効力を有する。

● 保証人の預金につき差押命令が発送されたときは主債務者の債務も当然期限の利益を失う旨の銀行取引約定書5条1項3号の有効性（東京地判昭和55・3・27金融・商事判例603号9頁）

〔判決要旨〕

保証人の預金につき差押命令が発送されたときは主債務者は銀行に対して負担する一切の債務につき当然に期限の利益を失う旨の銀行取引約定書

5条1項3号の約定は、契約自由の原則上有効である。

●破産会社の銀行に対する貸金債務の弁済について否認権の行使が認められた事例（東京地判平成19・3・29金融・商事判例1279号48頁）

〔判決要旨〕

破産会社が、小切手の交付により銀行に対する貸金債務を弁済した当時、破産会社が支払不能の状態になっており、銀行が、弁済を受けた時点で破産会社の支払不能について知っていたと認められるときは、破産管財人は、弁済を否認して弁済金の返還を請求することができる。

【第6条】

●手形割引の性質（京都地判昭和32・12・11金融法務事情163号27頁）

〔判決要旨〕

手形割引とは手形金額から満期日までの利息その他の費用すなわち割引料を差引いた金額を取得して満期未到来の手形の裏書をなすことをいい、この場合の実質関係は原則として手形の売買と解すべきである。

●手形割引の性質と利息制限法の適用（最判昭和48・4・12金融・商事判例373号6頁）

〔判決要旨〕

手形割引は手形の売買たる性質を有し、手形の割引料名義の金員を差し引いた金員の交付は手形の売買代金の授受に当たり、これについては利息制限法の適用はないと解すべきである。

●手形買戻請求権に関する事実たる慣習の存否（最判昭和46・6・29金融・商事判例270号2頁）

〔判決要旨〕

銀行と手形割引依頼人との間の取引約定書に、割引手形の振出人の信用悪化の場合には割引依頼人において割引手形を買い戻す旨の規定を置きながら、割引依頼人の関係においては、単に手形割引の都度手形と同額の貸金債務を負担したものとする旨、および同人の信用悪化の場合に、同人の銀行に対するいっさいの債務について期限の利益を失う旨の規定を置くに

とどまり、手形の買戻しについては何らの規定も置いていないとしても、当該約款の趣旨、銀行の行う手形割引の性格、および昭和37年に公表された銀行取引約定書ひな型の成立した経緯等からすれば、銀行が割引依頼人の信用悪化の場合にも、同人に対して手形買戻請求権を有する旨の事実たる慣習の存在を肯認しえないものとは断じ難い。

● **手形割引依頼人が仮差押えの申請を受けたことを手形買戻請求権の取得および弁済期到来の事由とする銀行取引約定書による合意の第三者に対する効力**（最判昭和51・11・25民集30巻10号939頁、金融・商事判例512号7頁）

〔判決要旨〕

手形割引依頼人が仮差押えの申請を受けたときは通知催告がなくても銀行に対し割引手形の買戻債務を負い直ちに弁済する旨の銀行取引約定書による合意に基づいて手形割引がされた場合に、割引依頼人の債権者が割引依頼人の銀行に対する債権につき仮差押えをし差押・転付命令を得たときは、銀行は、特段の事情のない限り、仮差押えの申請があった時に割引依頼人に対し手形買戻請求権を取得しその弁済期が到来したものとして、手形買戻請求権をもって被転付債権と相殺することができる。

● **手形割引依頼人の支払停止を理由にされた手形買戻請求と破産法104条3号但書（現・破産法71条2項2号）**（最判昭和40・11・2民集19巻8号1927頁）

〔判決要旨〕

銀行が、買戻しの特約を含む手形割引契約に基づき手形を割り引いた後、割引依頼人の支払停止を理由として同人に対し手形の買戻請求をした場合に取得した割引依頼人に対する買戻代金債権は、破産法104条3号但書にいう「支払ノ停止若ハ破産ノ申立アリタルコトヲ知リタル時ヨリ前ニ生シタル原因ニ基」づき取得したものと解すべきである。

● **金融機関が手形貸付債権または手形買戻請求権をもって転付された預金債権を相殺した場合と手形の返還先**（最判昭和50・9・25金融・商事判例479号7頁）

〔判決要旨〕

　金融機関が預金者から第三者に転付された預金債権を預金者に対する手形貸付または手形買戻請求権をもって相殺した結果、預金債権が転付前に遡って消滅した場合には、金融機関は、手形貸付について振り出された手形または買戻しの対象となった手形を預金者に返還すべきであり、預金債権の転付を受けた第三者に返還すべきではない。

【第7条】

● 1　債権の差押え前から債務者に対して反対債権を有していた第三債務者が反対債権を自働債権とし被差押債権を受働債権としてする相殺の効力

　2　相殺に関する合意の差押債権者に対する効力

（最判昭和45・6・24民集24巻6号578頁、金融・商事判例215号2頁）

〔判決要旨〕

　1　債権が差し押えられた場合において、第三債務者が債権者に対して反対債権を有していたときは、その債権が差押え後に取得されたものでない限り、当該債権および被差押債権の弁済期の前後を問わず、両者が相殺適状に達しさえすれば、第三債務者は、差押え後においても、当該反対債権を自働債権として、被差押債権と相殺することができる。

　2　銀行の貸付債権について、債務者の信用を悪化させる一定の客観的事情が発生した場合には、債務者のために存する貸付金の期限の利益を喪失せしめ、同人の銀行に対する預金等の債権につき銀行において期限の利益を放棄し、直ちに相殺適状を生ぜしめる旨の合意は、預金等の債権を差し押えた債権者に対しても効力を有する。

●手形割引依頼人が仮差押えの申請を受けたことを手形買戻請求権の取得および弁済期到来の事由とする銀行取引約定書による合意の第三者に対する効力（最判昭和51・11・25民集30巻10号939頁、金融・商事判例512号7頁）

〔判決要旨〕

手形割引依頼人が仮差押えの申請を受けたときは通知催告がなくても銀行に対し割引手形の買戻債務を負い直ちに弁済する旨の銀行取引約定書による合意に基づいて手形割引がされた場合に、割引依頼人の債権者が割引依頼人の銀行に対する債権につき仮差押えをし差押・転付命令を得たときは、銀行は、特段の事情のない限り、仮差押えの申請があった時に割引依頼人に対し手形買戻請求権を取得しその弁済期が到来したものとして、手形買戻請求権をもって被転付債権と相殺することができる。

●**受働債権につき取立命令がなされた場合と相殺の意思表示の相手方**（最判昭和39・10・27民集18巻8号1801頁、金融・商事判例529号188頁）

〔判決要旨〕

　債権の差押債権者が差押債権の取立命令を得た場合に、第三債務者は、差押前に債務者に対し取得した反対債権をもって差し押えられた債権と相殺するには、取立命令を得た差押債権者に対しても相殺の意思を表示することができる。

●**1　信用組合取引約定書7条の趣旨**

　2　相殺適状時より著しく遅滞してなされた相殺の意思表示と同約定書7条

（高松高判平成4・3・31金融・商事判例900号3頁）

〔判決要旨〕

1　信用組合取引約定書7条は、多数の相殺債権、債務のわずかな弁済期到来の差異による複雑な相殺計算を避けるため、民法の相殺の遡及効を排除し、相殺計算の基準日を定めたところに主たる目的がある。

2　多数の相殺債権、債務がある場合に、各相殺適状時より著しく遅滞した時になされた相殺の意思表示は、同約定書7条に基づく相殺の意思表示ということはできず、それは民法の規定による相殺の意思表示と解すべきである。

●**債権者（銀行）が相殺等を行う場合、債権債務の利息、損害金等の計算については、その期間を債権者による計算実行の日までとする旨合意して銀行取引をしていた主債務者に破産手続が開始された後、債権者が連**

帯保証人に対する保証債務に係る債権と連帯保証人の債権者に対する預金債権を相殺した場合、債権者の破産債権の額は、破産手続開始時の債権全額であるとされた事例（神戸地尼崎支判平成28・7・20金融法務事情2056号85頁）

〔判決要旨〕

　乙（銀行）が相殺等を行う場合、「債権債務の利息、割引料、清算金、損害金等の計算については、その期間を乙による計算実行の日までとします」との銀行取引約定は、約定相殺の効力が相殺適状時に遡及することを制限し、その効力発生時を計算実行の日とする合意であり、この合意は破産管財人にも対抗できると解すべきであるから、債権者の破産債権の額は破産手続開始時に現存した債権の全額である。

● X（銀行）が主債務者甲の連帯保証人ＡおよびＢとの間で根保証契約を締結した際にＡらとの間でした差引計算合意（甲につき破産手続開始の申立があった場合にはＡらは当然に期限の利益を失い、Ｘが約定相殺により差引計算する場合には、利息、割引料、保証料、清算金、損害金、違約金等の計算については、その期間を計算実行の日までとすることの合意）は、相殺の遡及効を制限する合意を含まないとされた事例（岡山地判平成30・1・18金融法務事情2088号82頁）

〔判決要旨〕

　Ｘ（銀行）が主債務者甲の連帯保証人ＡおよびＢとの間で根保証契約を締結した際にＡ、Ｂおよび甲の保証人Ｃとの間でした差引計算合意（甲につき破産手続開始の申立があった場合にはＡらは当然に期限の利益を失い、Ｘが約定相殺により差引計算する場合には、利息、割引料、保証料、清算金、損害金、違約金等の計算については、その期間を計算実行の日までとすることの合意）は、相殺の遡及効を制限する合意を含むとは認められず、ＸのＡおよびＢに対する保証債務履行請求債権は、ＡおよびＢの各破産手続の開始後にＸがしたＣに対する保証債務履行請求債権とＣの有する預金債権との相殺により同預金債権と同額分が消滅しているから、ＡおよびＢの各破産手続開始時にＸがＡおよびＢに対して有していた各保証債務履行

請求債権の額は、上記預金債権消滅分を除いた額である。

●差押えを禁止された年金を預け入れた預金債権に対する強制執行の許否

（東京地判平成15・5・28金融・商事判例1190号54頁）

〔判決要旨〕

債務者が年金を預け入れた預金債権に対する債権者の強制執行は、当該預金の原資が年金であることの識別・特定が可能であるときは、債務者が別の財産を所有し、これを費消して生計を立てているが、当該財産が隠匿されるなどしているため、強制執行が可能な、顕在化している財産としては、年金を預け入れた当該預金しかないというような事情が認められる場合を除き、許されない。

●児童手当が銀行口座に振り込まれ預金債権となった場合における債権差押禁止債権である児童手当受給権の性質の承継と差押処分の違法性（広島高松江支判平成25・11・27金融・商事判例1432号8頁）

〔判決要旨〕

差押禁止債権に係る金員が金融機関の口座に振り込まれることによって発生する預金債権は、原則として差押禁止債権としての属性を承継しないが、処分行政庁において、児童手当が銀行口座に振り込まれる日であることを認識したうえで、振り込まれた9分後に児童手当によって大部分が形成されている預金債権を差し押さえた差押処分は、児童手当相当額の部分に関し実質的には差押禁止債権である児童手当受給権自体を差し押さえたのと変わりがなく、児童手当法15条の趣旨に反し違法であり、児童手当相当額を保有する法律上の原因はない。

●給与が振り込まれた預金債権に対する滞納処分としての差押処分（大阪高判令和元・9・26判例タイムズ1470号31頁）

〔判決要旨〕

預金債権に対する差押処分が，実質的に差押えを禁止された給料等の債権を差し押さえたものと同視することができる場合には，差押禁止の趣旨に反するものとして違法となると解するのが相当である。

●金融機関が預金者に対して有する債権を自働債権とし預金者の口座への

国民年金および労災保険金の振込に係る預金債権を受働債権として相殺することの可否（最判平成10・2・10金融・商事判例1056号6頁）。

〔判決要旨〕

国民年金および労災保険金の預金口座への振込に係る預金債権は、原則として差押禁止債権としての属性を承継するものではなく、金融機関が預金者に対して有する債権を自働債権とし、当該預金債権を受働債権として相殺することが許されないとはいえない。

【第8条】

●手形割引の性質と利息制限法の適用（最判昭和48・4・12金融・商事判例373号6頁）

〔判決要旨〕

手形割引は手形の売買たる性質を有し、手形の割引料名義の金員を差し引いた金員の交付は手形の売買代金の授受に当たり、これについては、利息制限法の適用はないと解すべきである。

●銀行が無記名定期預金債権を受働債権とし貸金債権を自働債権としてする相殺と民法478条（最判昭和48・3・27金融・商事判例360号2頁）

〔判決要旨〕

銀行が、自行に預け入れられた無記名定期預金と相殺する予定で貸付をし、のちに当該預金債権を受働債権とし、貸金債権を自働債権とする相殺をする場合には、民法478条が類推適用されるものと解すべきである。

【第9条】

●小切手の原因債権に基づく請求と小切手の返還義務との同時履行（最判昭和33・6・3民集12巻9号11287頁、金融・商事判例529号45頁）

〔判決要旨〕

貸金債務の支払確保のため債権者に小切手を交付した債務者は、特段の事由がない限り、貸金の支払は、小切手の返還と引換えにすべき旨の同時履行の抗弁をなしうる。

●**金融機関が手形貸付債権または手形買戻請求権をもって転付された預金債権を相殺した場合と手形の返還先**（最判昭和50・9・25民集29巻8号1287頁、金融・商事判例479号7頁）

〔判決要旨〕

金融機関が預金者から第三者に転付された預金債権を預金者に対する手形貸付または手形買戻請求権をもって相殺した結果、預金債権が転付前に遡って消滅した場合には、金融機関は、手形貸付について振り出された手形または買戻しの対象となった手形を預金者に返還すべきであり、預金債権の転付を受けた第三者に返還すべきではない。

●**手形買戻契約に基づく金員請求権を自働債権として相殺をなす場合手形の呈示を要しないとする特約の効力**（大阪高判昭和41・4・18金融・商事判例16号4頁）

〔判決要旨〕

手形買戻請求権に基づく金員請求権は手形外の権利であるからその呈示交付は相殺の要件ではないが、相手方債務者は手形の返還につき同時履行の抗弁権を有しているというべきで、一方この同時履行の抗弁権の認められる所以は、二重払いの危険から債務者を保護することが理由であるから、自らその利益を放棄する以上、その特約の効力は否定するに及ばない。

●1　**受働債権を超える手形債権を自働債権として相殺する場合と手形の呈示の要否**

2　**手形債権を自働債権として相殺するには手形の呈示ないし交付を要しない旨を一般的抽象的に定める合意の効力**

（東京高判昭和33・4・30下民集9巻4号757頁）

〔判決要旨〕

1　手形は呈示かつ受戻証券であるから、これを自働債権として相殺をするには手形を相手方に交付することを要する。

2　抽象的一般的に当事者間の取引につき呈示または交付をしないで手形債権につき相殺をなすことを認める合意をすることは、呈示かつ受戻証券たる手形の性質に背馳するもので、その効力がないものと解す

る。

●**銀行取引約定書8条3項（銀行取引約定書参考例9条3項）（差引計算済み手形のとめおき）の解釈**（東京地判昭和46・10・13判例時報655号81頁）

〔判決要旨〕

　上記特約条項の趣旨は、銀行が取引先から割引手形を取得している場合、その取引先の信用が失われた時に割引手形について直ちに買戻義務が生じ、これと預金等を相殺したのちに割引手形に他の手形債務者があるときは、これを銀行の取引先に対する他の債権の担保に流用するために、当該割引手形をとめおき、取立ができることを一般的に認める趣旨にすぎず、すでに特定の割引手形について買い戻し、手形返還の合意が成立したのちに、上記条項に定めるような取引先の信用喪失事由が発生したからといって、ひるがえって既に成立した個別的な買戻済手形返還の合意の効力までも任意に否認しうることを定めた趣旨に解することはできない。

●**為替手形の支払呈示期間経過後に支払場所にした呈示の効力**（最判昭和42・11・8民集21巻9号2300頁、金融・商事判例82号9頁）

〔判決要旨〕

　為替手形の支払呈示期間経過後における支払のための呈示は、支払地内にある手形の主たる債務者の営業所または住所においてすることを要し、支払場所に呈示しても手形債務者を遅滞に付する効力を有しない。

【第10条】

●**不動産競売手続における配当金が同一担保権者の有する数個の被担保債権のすべてを消滅させるに足りない場合と弁済充当の方法**（最判昭和62・12・18民集41巻8号1592頁、金融・商事判例788号3頁）

〔判決要旨〕

　不動産競売手続における配当金が同一担保権者の有する数個の被担保債権のすべてを消滅させるに足りない場合には、弁済充当の指定に関する特約があっても、その配当金は、民法489条ないし491条の規定に従って数個

の債権に充当される。

【第11条】　なし

【第12条】
● 1　銀行が当座勘定取引契約に基づき手形の印影を照合するにあたって尽すべき注意義務の程度
　 2　印影照合についての銀行の注意義務と免責約款の効力
（最判昭和46・ 6 ・10民集25巻 4 号492頁、金融・商事判例267号 7 頁）
〔判決要旨〕
　 1　銀行が、当座勘定取引契約に基づき、届出の印鑑と手形上の印影とを照合するにあたっては、照合事務担当者に対して社会通念上一般に期待されている業務上相当の注意をもって慎重に行うことを要し、当該事務に習熟している銀行員が上記のような相当の注意を払って熟視するならば肉眼で発見しうるような印影の相違が看過されて偽造手形が支払われたときは、その支払による不利益を取引先に帰せしめることは許されない。
　 2　銀行が手形の印影と届出印鑑とが符合すると認めて支払をした場合は責任を負わない旨の当座取引契約上の免責約款は、銀行が手形の印影照合にあたって尽くすべき前項の注意義務を軽減する趣旨のものではない。
● 1　現金自動入出機による預金の払戻しと民法478条の適用の有無
　 2　無権限者が預金通帳またはキャッシュカードを使用し暗証番号を入力して現金自動入出機から預金の払戻しを受けた場合に銀行が無過失があるというための要件
　 3　無権限者が預金通帳を使用し暗証番号を入力して現金自動入出機から預金の払戻しを受けたことについて銀行に過失があるとされた事例
（最判平成15・ 4 ・ 8 民集57巻 4 号337頁、金融・商事判例1170号 2 頁）
〔判決要旨〕

1　現金自動入出機による預金の払戻しについても民法478条が適用される。

2　無権限者が預金通帳またはキャッシュカードを使用し暗証番号を入力して現金自動入出機から預金の払戻しを受けた場合に銀行が無過失であるというためには、銀行において、上記方法により預金の払戻しが受けられる旨を預金者に明示すること等を含め、現金自動入出機を利用した預金の払戻しシステムの設置管理の全体について、可能な限度で無権限者による払戻しを排除しうるよう注意義務を尽くしていたことを要する。

3　預金通帳を使用し暗証番号を入力すれば現金自動入出機から預金の払戻しを受けられるシステムになっているのに、銀行がそのことを預金規定等に規定して預金者に明示することを怠っていたなど判示の事実関係の下では、銀行は、真正な預金通帳が使用され、入力された暗証番号が届出暗証番号と一致することが機械的に確認された場合であっても、無権限者が現金自動入出機から預金の払戻しを受けたことについて過失がある。

●1　**インターネットバンキングサービスを提供する銀行に、不正振込送金につき過失がないとされた事例**

2　**インターネットバンキングを利用して不正振込送金がされた場合において、銀行には都度振込の停止措置をとるべき義務および利用者への周知徹底すべき義務がないとされた事例**

（東京高判平成29・3・2金融・商事判例1525号26頁）

〔判決要旨〕

1　インターネットバンキングサービスを提供するにあたり、全体として可能な限度で、システムを無権限者による振込等を排除しうるよう構築し管理していた銀行に、不正振込送金につき過失があったということはできない。

2　別件の不正送金被害が生じるまで銀行のインターネットバンキングにおいて不正送金被害が生じておらず、その時点において、銀行のシ

ステムにサイバー攻撃や情報漏洩等の形跡がないことが確認され、銀行としては、銀行側の原因を疑うべき事情はなく、被害を受けた顧客側の原因の有無を調査すべき状況にあったなど判示の事情の下では、銀行において、インターネットバンキングの都度振込の停止措置をとるべき義務があったとはいえず、不正送金被害が発生した事実の利用者への告知やその対策方法を周知徹底すべき義務があったともいえない。

● **信用保証契約において、主債務者が反社会的勢力でないことについての金融機関の調査が相当と認められ、免責条項たる保証契約違反には当たらないとされた事例**（東京高判平成28・4・14金融・商事判例1491号8頁）

〔判決要旨〕

金融機関が、主債務者が反社会的勢力であるか否かについて、グループ会社で得た情報のみならず、捜査機関を含めた外部機関との接触の中で得た情報等も基礎としたデータベースを構築し、取引先への融資を行う場合、融資先の情報をもとに、融資先が上記データベースに登録されていないか確認するという調査をしていたことは、融資の時点において一般的に行われている調査方法等に鑑みて相当と認められ、信用保証契約における免責条項たる保証契約違反には当たらない。

【第13条】

● **遺留分減殺（現・遺留分侵害額請求、以下同様）の意思表示が記載された内容証明郵便が留置期間の経過により差出人に還付された場合に意思表示の到達が認められた事例**（最判平成10・6・11民集52巻4号1034頁、金融・商事判例1058号19頁）

〔判決要旨〕

遺留分減殺の意思表示が記載された内容証明郵便が留置期間の経過により差出人に還付された場合において、受取人が、不在配達通知書の記載その他の事情から、その内容が遺留分減殺の意思表示または少なくともこれ

を含む遺産分割協議の申入れであることを十分に推知することができ、また、受取人に受領の意思があれば、郵便物の受取方法を指定することによって、さしたる労力、困難を伴うことなく当該内容証明郵便を受領することができたなど判示の事情の下においては、遺留分減殺の意思表示は、社会通念上、受取人の了知可能な状態に置かれ、遅くとも留置期間が満了した時点で受取人に到達したものと認められる。

●**銀行取引約定書11条2項（銀行取引約定書参考例13条2項）の規定の第三者に対する効力**（東京高判昭和58・1・25金融・商事判例681号6頁）

〔判決要旨〕

相殺の意思表示の不到達は、相殺の意思表示がなされないのと同等に評価されるべきであり、したがって、相殺の意思表示が到達したものと擬制する特約（銀行取引約定書11条2項（銀行取引約定書参考例13条2項）のいわゆるみなし到達の約定）は、すくなくとも第三者には対抗しえないと解するを相当とする。

●**銀行取引約定書11条2項（銀行取引約定書参考例13条2項）の規定の第三者に対する効力**（東京高判昭和58・1・25金融・商事判例681号6頁）

〔判決要旨〕

銀行取引約定書11条2項（銀行取引約定書参考例13条2項）（いわゆるみなし到達）の規定は、第三者に対抗しえないと解するのが相当である。

●**信用金庫取引約定書における期限の利益喪失約款の第三者に対する効力**（東京高判昭和53・1・25金融・商事判例546号17頁）

〔判決要旨〕

当事者の一方甲が他方の乙より先に相殺の意思表示をしても、乙主張の両債権の相殺適状が甲主張の両債権の相殺適状より先に生じた場合には、甲はその主張の相殺をもって乙に対抗することができない。

●**転付債権者・第三債務者間の債権債務の相殺適状は債務者・第三債務者間の債権債務の相殺適状より後に生じたが転付債権者の相殺の意思表示が第三債務者の相殺の意思表示より先にされた場合と相殺の優劣**（最判昭和54・7・12民集33巻5号533頁、金融・商事判例582号3頁）

〔判決要旨〕

　転付債権者に転付された債務者の第三債務者に対する甲債権と第三債務者の転付債権者に対する乙債権との相殺適状が甲債権と第三債務者の債務者に対する丙債権との相殺適状より後に生じた場合であっても、第三債務者が丙債権を自働債権とし甲債権を受働債権とする相殺の意思表示をするより先に、転付債権者の甲債権を受働債権とし乙債権を受働債権とする相殺の意思表示により甲債権が消滅していた場合には、第三債務者による相殺の意思表示はその効力を生じない。

【第14条】　なし

【第15条】　なし

【第16条】
●1　信用保証協会と金融機関との間で保証契約が締結されて融資が実行された後に主債務者が反社会的勢力であることが判明した場合において，信用保証協会の保証契約の意思表示に要素の錯誤がないとされた事例
　2　金融機関による融資の主債務者が反社会的勢力であったときにおける信用保証協会と金融機関との間の信用保証に関する基本契約に定められた保証債務の免責条項にいう「保証契約に違反したとき」に当たる場合
（最判平成28・1・12民集70巻1号1頁、金融・商事判例1489号28頁）
〔判決要旨〕

　1　信用保証協会と金融機関との間で保証契約が締結され融資が実行された後に主債務者が反社会的勢力であることが判明した場合において，保証契約の当事者がそれぞれの業務に照らし，上記の場合が生じうることを想定でき，その場合に信用保証協会が保証債務を履行しない旨をあらかじめ定めるなどの対応をとることも可能であったにもかかわ

らず，当事者間の信用保証に関する基本契約および上記保証契約等に
その場合の取扱いについての定めが置かれていないなど判示の事情の
下では，主債務者が反社会的勢力でないことという信用保証協会の動
機は，明示または黙示に表示されていたとしても，当事者の意思解釈
上，保証契約の内容となっていたとは認められず，信用保証協会の上
記保証契約の意思表示に要素の錯誤はない。
2　金融機関が，主債務者が反社会的勢力であるか否かについて相当な
調査をすべきであるという信用保証協会との間の信用保証に関する基
本契約上の付随義務に違反して，その結果，反社会的勢力を主債務者
とする融資について保証契約が締結された場合には，上記基本契約に
定められた保証債務の免責条項にいう金融機関が「保証契約に違反し
たとき」に当たる。

【第17条】　なし

「銀行取引約定書旧ひな型」（平成12年4月廃止）

私は、貴行との取引について、次の条項を確約します。

第1条（適用範囲）

① 手形貸付、手形割引、証書貸付、当座貸越、支払承諾、外国為替その他いっさいの取引に関して生じた債務の履行については、この約定に従います。

② 私が振出、裏書、引受、参加引受または保証した手形を、貴行が第三者との取引によって取得したときも、その債務の履行についてこの約定に従います。

第2条（手形と借入金債務）

手形によって貸付を受けた場合には、貴行は手形または貸金債権のいずれによっても請求することができます。

第3条（利息、損害金等）

① 利息、割引料、保証料、手数料、これらの戻しについての割合および支払の時期、方法の約定は、金融情勢の変化その他相当の事由がある場合には、一般に行なわれる程度のものに変更されることに同意します。

② 貴行に対する債務を履行しなかった場合には、支払うべき金額に対し年　％の割合の損害金を支払います。この場合の計算方法は年365日の日割計算とします。

第4条（担保）

① 債権保全を必要とする相当の事由が生じたときは、請求によって、直ちに貴行の承認する担保もしくは増担保を差し入れ、また

は保証人をたてもしくはこれを追加します。

②　貴行に現在差し入れている担保および将来差し入れる担保は、すべて、その担保する債務のほか、現在および将来負担するいっさいの債務を共通に担保するものとします。

③　担保は、かならずしも法定の手続によらず一般に適当と認められる方法、時期、価格等により貴行において取立または処分のうえ、その取得金から諸費用を差し引いた残額を法定の順序にかかわらず債務の弁済に充当できるものとし、なお残債務がある場合には直ちに弁済します。

④　貴行に対する債務を履行しなかった場合には、貴行の占有している私の動産、手形その他の有価証券は、貴行において取立または処分することができるものとし、この場合もすべて前項に準じて取り扱うことに同意します。

第5条（期限の利益の喪失）

①　私について次の各号の事由が一つでも生じた場合には、貴行から通知催告等がなくても貴行に対するいっさいの債務について当然期限の利益を失い、直ちに債務を弁済します。

　　1．支払の停止または破産手続開始、民事再生手続開始、会社更生手続開始、もしくは特別清算開始の申立があったとき。

　　2．手形交換所の取引停止処分を受けたとき。

　　3．私または保証人の預金その他の貴行に対する債権について仮差押、保全差押または差押の命令、通知が発送されたとき。

　　4．住所変更の届出を怠るなど私の責めに帰すべき事由によって、貴行に私の所在が不明となったとき。

②　次の各場合には、貴行の請求によって貴行に対するいっさいの債務の期限の利益を失い、直ちに債務を弁済します。

　　1．私が債務の一部でも履行を遅滞したとき。

　　2．担保の目的物について差押、または競売手続の開始があった

とき。

3．私が貴行との取引約定に違反したとき。

4．保証人が前項または本項の各号の一にでも該当したとき。

5．前各号のほか債権保全を必要とする相当の事由が生じたとき。

第6条（割引手形の買戻し）

① 手形の割引を受けた場合、私について前条第1項各号の事由が一つでも生じたときは全部の手形について、また手形の主債務者が期日に支払わなかったときもしくは手形の主債務者について前条第1項各号の事由が一つでも生じたときはその者が主債務者となっている手形について、貴行から通知催告等がなくても当然手形面記載の金額の買戻債務を負い、直ちに弁済します。

② 割引手形について債権保全を必要とする相当の事由が生じた場合には、前項以外のときでも、貴行の請求によって手形面記載の金額の買戻債務を負い、直ちに弁済します。

③ 第2項による債務を履行するまでは、貴行は手形所持人としていっさいの権利を行使することができます。

第7条（差引計算）

① 期限の到来、期限の利益の喪失、買戻債務の発生、求償債務の発生その他の事由によって、貴行に対する債務を履行しなければならない場合には、その債務と私の預金その他債権とを、その債権の期限のいかんにかかわらず、いつでも貴行は相殺することができます。

② 前項の相殺ができる場合には、貴行は事前の通知および所定の手続を省略し、私にかわり諸預け金の払戻しを受け、債務の弁済に充当することもできます。

③ 前2項によって差引計算をする場合、債権債務の利息、割引料、損害金等の計算については、その期間を計算実行の日までとして、

利率、料率は貴行の定めによるものとし、また外国為替相場については貴行の計算実行時の相場を適用するものとします。

第7条の2（同前）

①　弁済期にある私の預金その他の債権と私の貴行に対する債務とを、その債務の期限が未到来であっても、私は相殺することができます。

②　満期前の割引手形について私が前項により相殺する場合には、私は手形面記載の金額の買戻債務を負担して相殺できるものとします。ただし、貴行が他に再譲渡中の割引手形については相殺することができません。

③　外貨または自由円勘定による債権または債務については、前2項の規定にかかわらず、それらが弁済期にあり、かつ外国為替に関する法令上所定の手続が完了したものでなければ、私は相殺できないものとします。

④　前3項により私が相殺する場合には、相殺通知は書面によるものとし、相殺した預金その他の債権の証書、通帳は届出印を押印して直ちに貴行に提出します。

⑤　私が相殺した場合における債権債務の利息、割引料、損害金等の計算については、その期間を相殺通知の到達の日までとして、利率、料率は貴行の定めによるものとし、また外国為替相場については貴行の計算実行時の相場を適用するものとします。なお、期限前弁済について特別の手数料の定めがあるときは、その定めによります。

第8条（手形の呈示、交付）

①　私の債務に関して手形が存する場合、貴行が手形上の債権によらないで第7条の差引計算をするときは、同時にはその手形の返還を要しません。

② 前2条の差引計算により貴行から返還をうける手形が存する場合には、その手形は私が貴行まで遅滞なく受領に出向きます。ただし、満期前の手形については貴行はそのまま取り立てることができます。

③ 貴行が手形上の債権によって第7条の差引計算をするときは、次の各場合にかぎり、手形の呈示または交付を要しません。なお、手形の受領については前項に準じます。

　1．貴行において私の所在が明らかでないとき。

　2．私が手形の支払場所を貴行にしているとき。

　3．手形の送付が困難と認められるとき。

　4．取立その他の理由によって呈示、交付の省略がやむをえないと認められるとき。

④ 前2条の差引計算の後なお直ちに履行しなければならない私の債務が存する場合、手形に私以外の債務者があるときは、貴行はその手形をとめおき、取立または処分のうえ、債務の弁済に充当することができます。

第9条（充当の指定）

　弁済または第7条による差引計算の場合、私の債務全額を消滅させるに足りないときは、貴行が適当と認める順序方法により充当することができ、その充当に対しては異議を述べません。

第9条の2（同前）

① 第7条の2により私が相殺する場合、私の債務全額を消滅させるに足りないときは、私の指定する順序方法により充当することができます。

② 私が前項による指定をしなかったときは、貴行が適当と認める順序方法により充当することができ、その充当に対しては異議を述べません。

③　第1項の指定により債権保全上支障が生じるおそれがあるとき
　　は、貴行は遅滞なく異議を述べ、担保、保証の有無、軽重、処分
　　の難易、弁済期の長短、割引手形の決済見込みなどを考慮して、
　　貴行の指定する順序方法により充当することができます。

④　前2項によって貴行が充当する場合には、私の期限未到来の債
　　務については期限が到来したものとして、また満期前の割引手形
　　については買戻債務を、支払承諾については事前の求償債務を私
　　が負担したものとして、貴行はその順序方法を指定することがで
　　きます。

第10条（危険負担、免責条項等）

①　私が振出、裏書、引受、参加引受もしくは保証した手形または
　　私が貴行に差し入れた証書が、事変、災害、輸送途中の事故等や
　　むをえない事情によって紛失、滅失、損傷または延着した場合に
　　は、貴行の帳簿、伝票等の記録に基づいて債務を弁済します。な
　　お、貴行から請求があれば直ちに代り手形、証書を差し入れます。
　　この場合に生じた損害については貴行になんらの請求をしません。

②　私の差し入れた担保について前項のやむをえない事情によって
　　損害が生じた場合にも、貴行になんらの請求をしません。

③　万一手形要件の不備もしくは手形を無効にする記載によって手
　　形上の権利が成立しない場合、または権利保全手続の不備によっ
　　て手形上の権利が消滅した場合でも、手形面記載の金額の責任を
　　負います。

④　手形、証書の印影を、私の届け出た印鑑に、相当の注意をもっ
　　て照合し、相違ないと認めて取引したときは、手形、証書、印章
　　について偽造、変造、盗用等の事故があってもこれによって生じ
　　た損害は私の負担とし、手形または証書の記載文言にしたがって
　　責任を負います。

⑤　私に対する権利の行使もしくは保全または担保の取立もしくは

処分に要した費用、および私の権利を保全するため貴行の協力を依頼した場合に要した費用は、私が負担します。

第11条（届け出事項の変更）

① 印章、名称、商号、代表者、住所その他届け出事項に変更があったときは、直ちに書面によって届け出をします。

② 前項の届け出を怠ったため、貴行からなされた通知または送付された書類等が延着しまたは到達しなかった場合には、通常到達すべき時に到達したものとします。

第12条（報告および調査）

① 財産、経営、業況について貴行から請求があったときは、直ちに報告し、また調査に必要な便益を提供します。

② 財産、経営、業況について重大な変化を生じたとき、または生じるおそれのあるときは、貴行から請求がなくても直ちに報告します。

第13条（適用店舗）

この約定書の各条項は、私と貴行本支店との間の諸取引に共通に適用されることを承認します。

第14条（合意管轄）

この約定に基づく諸取引に関して訴訟の必要を生じた場合には、貴行本店または貴行　　支店の所在地を管轄する裁判所を管轄裁判所とすることに合意します。

暴力団排除条項参考例（銀行取引約定書に盛り込む場合）

平20・11・25　全国銀行協会

第〇条（反社会的勢力の排除）

① 私または保証人は、現在、暴力団、暴力団員、暴力団員でなくなった時から5年間経過しない者、暴力団準構成員、暴力団関係企業、総会屋等、社会運動等標ぼうゴロまたは特殊知能暴力集団等、その他これらに準ずる者（以下これらを「暴力団員等」という。）に該当しないこと、および次の各号のいずれにも該当しないことを表明し、かつ将来にわたっても該当しないことを確約いたします。

1．暴力団員等が経営を支配していると認められる関係を有すること

2．暴力団員等が経営に実質的に関与していると認められる関係を有すること

3．自己、自社もしくは第三者の不正の利益を図る目的または第三者に損害を加える目的をもってするなど、不当に暴力団員等を利用していると認められる関係を有すること

4．暴力団員等に対して資金等を提供し、または便宜を供与するなどの関与をしていると認められる関係を有すること

5．役員または経営に実質的に関与している者が暴力団員等と社会的に非難されるべき関係を有すること

② 私または保証人は、自らまたは第三者を利用して次の各号の一にでも該当する行為を行わないことを確約いたします。

1．暴力的な要求行為

2．法的な責任を超えた不当な要求行為

3．取引に関して、脅迫的な言動をし、または暴力を用いる行為

4．風説を流布し、偽計を用いまたは威力を用いて貴行の信用を毀損し、または貴行の業務を妨害する行為

5．その他前各号に準ずる行為

③ 私または保証人が、暴力団員等もしくは第1項各号のいずれかに該当し、もしくは前項各号のいずれかに該当する行為をし、ま

たは第1項の規定にもとづく表明・確約に関して虚偽の申告をしたことが判明し、私との取引を継続することが不適切である場合には、私は貴行から請求があり次第、貴行に対するいっさいの債務の期限の利益を失い、直ちに債務を弁済します。

④　手形の割引を受けた場合、私または保証人が暴力団員等もしくは第1項各号のいずれかに該当し、もしくは第2項各号のいずれかに該当する行為をし、または第1項の規定にもとづく表明・確約に関して虚偽の申告をしたことが判明し、私との取引を継続することが不適切である場合には、全部の手形について、貴行の請求によって手形面記載の金額の買戻債務を負い、直ちに弁済します。この債務を履行するまでは、貴行は手形所持人としていっさいの権利を行使することができます。

⑤　前2項の規定の適用により。私または保証人に損害が生じた場合にも、貴行になんらの請求をしません。また、貴行に損害が生じたときは、私または保証人がその責任を負います。

⑥　第3項または第4項の規定により、債務の弁済がなされたときに、本約定は失効するものとします。

■著者紹介■

●笹川 豪介（ささかわ ごうすけ）弁護士　本書責任編集　金融取引法研究
　会・座長
　　慶應義塾大学総合政策学部卒業　三井住友信託銀行株式会社を経て、
LINE Financial株式会社セキュリティ室長　筑波大学法科大学院非常勤講師
〔主要著書・論文〕
『金融実務に役立つ 成年後見制度Ｑ＆Ａ』（編著）（経済法令研究会 2017年）
『信託法実務判例研究』（共著）（有斐閣 2015年）
「実務にとどく 相続の基礎と実践１〜24」（金融法務事情（連載）2014年５月
25日号〜2016年９月25日号）

（以下、五十音順）
●及部 裕輝（およべ ゆうき）弁護士
　　東京大学文学部卒業　東京大学法科大学院修了　株式会社三井住友銀行を経
て稲葉総合法律事務所
〔主要著書・論文〕
『営業店のための外国人との金融取引Q&A』（共著）（経済法令研究会 2020年）
『これ一冊でよくわかる 改正債権法と営業店実務』（共著）（経済法令研究会
2020年）
『一問一答 相続法改正と金融実務』（共著）（経済法令研究会 2018年）

●木村 健太郎（きむら けんたろう）弁護士
　　慶應義塾大学法学部卒業　日本経済新聞社勤務ののち、東京大学法科大学院
修了　株式会社三井住友銀行、内閣府勤務を経て、Ｚホールディングス株式会
社政策渉外部公共政策室長　元全国銀行協会・銀行法務等検討部会長、消費者
庁・消費者裁判手続特例法等に関する検討会委員（現任）
〔主要著書・論文〕
『practical金融法務 債権法改正』（共著）（金融財政事情研究会 2020年）
「フィンテック実務の最前線-法務と政策渉外の現場から」（ビジネス法務（連
載）2021年２月号〜）
「新しい金融サービス仲介業に関する実務的検討」（NBL2021年２月15日号）

●佐々木 智生（ささき ともお）弁護士
　　一橋大学法学部卒業　岩田合同法律事務所
〔主要著書・論文〕
『IPO物語—とあるベンチャー企業の上場までの745日航海記』（商事法務2020
年）

『債権法改正Ｑ＆Ａ　金融実務の変化に完全対応』（銀行研修社　2018年）
『時効・期間制限の理論と実務』（共著）（日本加除出版　2018年）

●鹿浦　大観（しかうら　ひろみ）弁護士
　　大阪大学法学部卒業　大阪大学大学院高等司法研究科修了　株式会社三井住友銀行
〔主要著書・論文〕
『一問一答　相続法改正と金融実務』（共著）（経済法令研究会　2018年）
「脱印鑑による実務変更の可能性と課題」（共著）（銀行実務　2020年９月号）
「信託社債発行実務上の主たる検討ポイント（特集　信託社債：その実務と課題）」（共著）（信託フォーラム）Vol.8

●鈴木　智弘（すずき　ともひろ）弁護士
　　慶應義塾大学法学部卒業　岩田合同法律事務所
〔主要著書・論文〕
『民法改正対応　契約書作成のポイント』（共著）（商事法務　2018年）
『一問一答　相続法改正と金融実務』（共著）（経済法令研究会　2018年）
『時効・期間制限の理論と実務』（共著）（日本加除出版　2018年）

●千吉良　健一（ちきら　けんいち）弁護士
　　東京大学経済学部卒業　大阪大学大学院高等司法研究科修了　三井住友信託銀行株式会社

●土屋　太輝（つちや　だいき）弁護士
　　日本大学法学部卒業　中央大学法科大学院修了　株式会社みずほ銀行
〔主要著書・論文〕
「連載　改正相続法対応　相続と債権保全Ｑ＆Ａ〈第１回〉」（共著）（季刊事業再生と債権管理167号）

●常行　要多（つねゆき　ようた）弁護士
　　早稲田大学法学部卒業　慶應義塾大学法科大学院修了　株式会社みずほ銀行
〔主要著書・論文〕
「遺言事務の手引き　遺言書の見方・読み方・作り方」（共著）（銀行法務21 2019年９月増刊号）
「未成年後見人を生命保険金受取人とする生命保険契約の締結を未成年後見人が代理した行為の利益相反該当性―東京地判平30.3.20の検討―」（金融法務事情2126号）
「連載　改正相続法対応　相続と債権保全Q&A〈第２回〉」（共著）（季刊事業再

生と債権管理168号）

●冨田 雄介（とみた ゆうすけ）弁護士
　東京大学法学部卒業　慶應義塾大学法科大学院修了　岩田合同法律事務所
〔主要著書・論文〕
『Q&A 家事事件と銀行実務 第2版』（共著）（日本加除出版 2020年）
『一問一答 相続法改正と金融実務』（共著）（経済法令研究会 2018年）
『債権法改正Q&A－金融実務の変化に完全対応－』（共著）（銀行研修社 2018年）

●浜崎 祐紀（はまさき ゆうき）弁護士
　東京大学経済学部卒業　早稲田大学大学院法務研究科修了　監査法人トーマツ勤務、PwC税理士法人勤務を経て、岩田合同法律事務所
〔主要著書・論文〕
『税理士のための会社法ハンドブック 2019年版―Q&Aでパッとつかめる顧問先対応のポイント―』（共著）（第一法規 2019年）
『一問一答 相続法改正と金融実務』（共著）（経済法令研究会 2018年）
『新・株主総会物語』（共著）（商事法務 2017年）

●藤井 友弘（ふじい ともひろ）弁護士
　中央大学法学部卒業　上智大学法科大学院修了　株式会社みずほ銀行を経て、外国法共同事業法律事務所リンクレーターズ
〔主要著書・論文〕
『これ一冊でよくわかる 改正債権法と営業店実務』（共著）（経済法令研究会 2020年）
「金融判例に学ぶ営業店OJT融資業務編 無償行為否認の対象行為時における債務超過の要否」（金融法務事情2100号）
「メインバンクが融資先から受けた弁済が支払不能後になされたものとして否認された事例―高松高判平成26.5.23の検討―」（金融法務事情2062号）

●横尾 和彦（よこお かずひこ）弁護士
　中央大学法学部卒業　慶應義塾大学法科大学院修了　株式会社三井住友銀行
〔主要著書・論文〕
『Q&A 家事事件と銀行実務 第2版』（共著）（日本加除出版 2020年）
『一問一等 相続法改正と金融実務』（共著）（経済法令研究会 2018年）

銀行取引約定書参考例　実務解説

2021年7月15日　　初版第1刷発行	編　　者　金融取引法研究会
	発 行 者　志 茂 満 仁
	発 行 所　㈱経済法令研究会

〒162-8421　東京都新宿区市谷本村町3-21
電話 代表 03(3267)4811　制作 03(3267)4823
https://www.khk.co.jp/

営業所／東京03(3267)4812　大阪06(6261)2911　名古屋052(332)3511　福岡092(411)0805

カバーデザイン／アンシークデザイン
制作／地切 修　印刷／日本ハイコム㈱　製本／㈱ブックアート

©Kinyu-torihikihou kenkyukai 2021　Printed in Japan　　　　ISBN978-4-7668-2473-5

☆　**本書の内容等に関する追加情報および訂正等について**　☆
本書の内容等につき発行後に追加情報のお知らせおよび誤記の訂正等の必要が生じた場合には、当社ホームページに掲載いたします。
（ホームページ　書籍・DVD・定期刊行誌 TOP　メニュー下部の　追補・正誤表 ）

定価はカバーに表示してあります。無断複製・転用等を禁じます。落丁・乱丁本はお取替えします。